뜨개질 시인 권영목 시집

사람 속에 사람 없다

권영목 시집

사람 속에 사람 없다

초판인쇄 2021년 11월 17일
초판발행 2021년 11월 22일

지은이_ 권영목
표지디자인_ 권윤희
발행인_ 이현자
발행처_ 도서출판 현자

등　록_ 제 2-1884호 (1994.12.26)
주　소_ 서울시 중구 수표로 50-1(을지로3가, 4층)
전　화_ (02) 2278-4239
팩　스_ (02) 2278-4286
E-mail_001hyunja@hanmail.net

값 11,000원

ISBN 978-89-94820-68-2　03810

뜨개질 시인 권영목 시집

사람 속에 사람 없다

도서출판 현자

시인의 말

존재와 인식, 인식과 존재의 고찰

존재가 먼저 있어 인식하는 것일까. 먼저 인식함으로써 존재가 드러나는 것일까의 문제로 고민하게 된다.

眼과 色의 구조와 조작의 문제, 즉 앞에 사람이 있어도 보는 눈이 없으면 볼 수 있을까. 보는 눈이 있어도 눈앞에 사람이 없다면 보고 인식할 수 있을까

귀와 소리 耳聲, 코와 맛 鼻香, 혀와 냄새 舌味, 몸과 촉감 身觸, 의식과 존재 意法들로 같은 맥락으로 인식과 존재의 관계가 의심된다.

그럼 인식하는 마음과 존재의 법 Dharma는 무엇이며 어떻게 생겨나는 것인가?

동양의 불교철학은 시간 공간 속에 있는 세계보다도 각 개개인의 분별망상심에서 일어나는 마음속의 세계를 앞서 다룬다. 단순하게 말하면 눈, 귀, 코, 혀, 몸 의식이 작동하는 동작의 行과 業을 마음이라고 하고, 눈과 사물 眼色, 즉 보고 보이는 것이 서로 의존하여 일정한 법칙을 거쳐 어떤 모양이나 想으로 나타나는 존재를 법 Dharma라고 칭한다.

귀로 듣고, 코로 냄새 맡고, 혀로 맛보고, 몸으로 만지고, 마음으

로 생각하는 것들도 이와 같다. 自我로 인식되는 六根의 안이비설신의와 밖의 세계로 인식되는 색성향미촉법, 이 十二處에서 주객이 상호의존하고 조작되어 존재를 만드는 장소와 근본 질료가 되어 十八界가 현성되면 이 界에서 根境識 三事和合이 觸하여 受想思가 일어나고, 無明, 行, 識, 明色, 六入, 觸, 受, 愛, 取, 有, 生, 老死의 12지분을 통해 다시 말하면 세상에는 존재가 없으며 생명이 있는 중생들이 살면서 마음으로 時空과 세상을 만들고 자신의 마음 또한 만든다.

一切는 착각 헛생각인 無明에 의존하여 생긴 전도몽상의 망상이고, 인류가 모든 번뇌 障과 智障에서 벗어나 행복한 삶으로 가는 유일한 길이므로 十二緣起法, 心緣起法이라 한다.

이 六根과 六境의 조건 조작으로 마음속에서 觸(無明觸)한 行의 경험을 마음(잠재의식, 제8아뢰야식)속에 하나도 빠짐없이 저장하고 다시 꺼내어 쓰고 있음으로 존재론, 인식론으로써 一切唯心造라고 한다. 인식론은 선정법의 욕계, 색계, 무색계를 관하고 수행하는 9차 제정이 있다.

佛家에는 自燈明法燈明, 自歸依法歸依라는 法語가 있다. 자신의

마음과 불법을 등불 삼아 오직 자신의 마음과 佛의 가르침에 의지하여 우주 만물의 실상을 올바르게 보고 깨달아 그에 알맞은 바른 길로 계속 가면서 살라는 주문일 것이고, 물질, 명예, 이름, 언어, 문자의 구속과 결박에서 빠져나와 4성제와 연기법의 순관과 역관으로 오온과 4념처 身受心法의 集과 滅을 밖·안, 안팎으로 正見을 가지고 통찰하고 행동으로 옮겨 체득하고 나면 中道가 보이고 깨달아 해탈의 길을 찾게 되고 모든 번뇌와 괴로움에서 벗어나 행복을 느끼며 살 수 있다는 뜻도 담겨 있을 것이다.

나는 無學이다. 초등학교 졸업장도 없지만 이제는 조금도 부끄럽지 않으며 독학의 무서운 무기를 만들어 나를 키우고 지키는 힘이 됐다. 오히려 큰 행운!

1944년 충북 단양 적성의 금수산 자락 첩첩산골에서 태어나 산비탈 돌밭을 일구며 초근목피로 근근이 연명하는 찌든 가난과 9살 때부터 시작된 잦은 이사로 먹고사는 일이 더 다급했고, 밑바닥 삶과 배고픔의 한가운데서 '인생이란, 삶이란 무엇인가!' 가슴 아리게 늘, 괴로와 했다.

풀 한 포기, 모래알, 하늘과 구름, 어른 아이 모두를 스승 삼아 몸은 열심히 일을 하고 머리는 공부를 했다. 걷거나 차로 이동하는 시간, 노동과 휴식 사이의 자투리 시간을 미친 듯 무서운 독학으로 점철시켰다.

50여 년 동안 휴일도 없이 매일 12시간 정도를 뜨개질과 무료강습으로 자급자족(지문이 보이질 않는다)하면서 틈새 시간을 잘 모아 무서운 독학을 지금도 계속하고 있으며 出世間이 될 때까지 중단은 없다.

이 몸뚱이와 마음, 말도 바르게 생각하고 행동하는 법도 부모와 먼 조상으로부터 배우고 무상으로 상속받았고, 공짜인 햇빛, 공기, 물, 대지와 흙, 음식물로 생명인 체온을 유지시키며 모든 정보, 지식, 시학, 불교철학도 공짜로 받아쓰면서 살고 있는 이 삶이 본래 마음이며 바로 참 나이다. 이 本心 眞我는 우주와 분리되지 않고 공존 공생하므로 一心大我다.

먼지 모래알 하나도 취하여 소유할 수 없다. 토씨 하나도 한 톨의 밥알도 내 것이란 없다.

我空 法空 無我空 一切空

佛子 權 寧 穆

차례

차례

제2부_ 인식론_一切唯心造

차례

제3부_ 가치론_ 時空을 태우다

제1부

존재론_ 心緣起法

존재를
안으로 살피고
밖으로 살피고
안과 밖으로 잘 살피다

唯識無境 識境俱泯

오직 인식만 있고 밖에 대상이 없다
인식과 대상(주객)도 함께 없어진다

心緣起法

생명에는
시작이 없다

생명은 동사다
정지 없는 동작에
시작 끝이 들어설 자리가 없다
생명은 끊임없이 흐르며 새롭게 변한다

생명에는
끝이 없다

心緣起法

구름과 비는
끊임없이 변화하고 있다
이 변화는 현상을
분별하여 존재로 인식한다

실재로 맑은 하늘에
구름과 비가 있어서
인식되는 것이 아니며
비가 생겨서 내리는 것도 아니다

물방울이 동적으로 떨어질 때
비가 내린다고 말한다
구름 속에 명사적 비는 없다

心緣起法

– 비 속에 비는 없다

하늘에 명사적 비는 없다

텅 빈 끝없는 하늘에
실제로 존재하는 비는 없다
물방울이 기상 조건으로 떨어질 때
비
비가 내린다는 말만 돌아다닌다

비가 내린 땅에는
물만 딩군다

心緣起法

빤히 보면서 보지 못한다

형광등 속 불빛의 스파크와
양면에 의지한 칼날과
바람에 흔들리는 나뭇가지의 바람과
태풍에 출렁이는 파도 속 바람과
끊임없이 이어가는 생명과
고요히 쉬고 있는 바다의 본바탕과
움직임 없는 마음의 참 모습을

빤히 보지만 보이지 않는다

心緣起法

보는 것도 마음이고
보이는 것도 마음이다

세상에 모이는(集) 것을 보면
없다고 말할 수 없고
세상에 없어지는(滅) 것을 보면
있다고 말할 수 없다

주관과 객관은
서로 분리되는 것이 아니다

보는 자가 있어 보이는 것이 있고
보이는 것이 있어 보는 자가 있다
보는 자가 없으면 보이는 것이 없고
보이는 것이 없으면 보는 자도 없다

일체는
마음에서 일어났다
마음에서 사라진다

心緣起法

– 행위와 존재

도둑의 씨가 따로 없다
도둑놈이 없으면 도둑질도 없고
도둑질이 없으면 도둑놈도 없다
도둑놈과 도둑질은 분리할 수 없다

우리는 아무 존재도 아니기 때문에
어떤 존재도 될 수 있다
불변의 고정된 어떤 존재로 태어났다면
우리는 아무것도 될 수 없다
우리는 비어있는 존재다

텅 빈 이 몸을 가지고 사는 삶이
계속 새로운 자아를 만들며 산다

心緣起法

이 세상에
촛불이 따로 없다
누구든 만들고 이름 붙이면
어떤 불도 다 있게 된다

촛불은 초에 계속
불이 붙어있는 현상이 아니다
초가 녹는 기름과
주변의 산소와 결합하여
새로운 기름이 계속 불타는 일만 있다

心緣起法

허공에는
무수한 소리와 영상이 떠돌아다닌다

라디오가 한 대 있다면
한 소리가 나타나 들리고
두 대 있다면 두 개의 소리가 들리고
열 대 있다면 열 개의 소리가 들린다
라디오가 없다면 소리도 없다

TV 한 대 있다면
한 개의 영상이 나타나 보이고
두 대 있다면
두 개의 영상이 보이고
백 개의 채널이 있다면
백 개의 화면을 볼 수 있다
TV가 없다면 영상도 없다

보고 보이는
마음의 일이 없다면
세상에는 아무것도 없다

心緣起法

– 귀와 소리

귀 없으면 소리 없다

소리를 한 사람이 들으면
한 소리
둘이 들으면 두 소리
열 명이 들으면 열 소리
만 명이 들으면 만 소리가 된다

귀가 없거나 아무도 듣지 않으면
소리는 없다

귀와 소리는
소리와 귀는
듣는다는 하나의 행위로 귀결된다

소리 없으면 귀 없다

心緣起法

시간은 어디에 어떻게 있는 걸까
있다면 왜 보고 만질 수 없을까

머물러 있는 시간은
인정할 수 없다
머물지 않는 시간은
파악되지 않는다

존재 속에 시간이 존재한다면
생주이멸生住異滅이 있어야 한다
시간 속에 존재가 있다면
과거 현재 미래를
변치 않고 관통하는 실체가 있어야 한다

시간은
생각이 만든 실체 없는 이름이다

心緣起法

- 시간과 공간

시간 공간은 실체가 따로 없다
생각 속에 허상만 쪼그리고 앉아있다

시간은 길이가 없어
그 길이를 잴 수 없다

공간은 크기가 없어
그 넓이 부피를 측량할 수 없다

시간 공간은
보거나 만질 수 없다

心緣起法

현존은 항상 업(業=行爲)으로 존재한다
현존은 반드시 보(報)라는
새로운 모습으로 변화함과 동시에
다시 업이라는 현존으로 있게 된다

현존은 항상 지금 여기에만 있는 것이 아니며
잠시도 머무르지 않는다
현존은 끊임없이 행위하고
그 결과도 새로운 모습을 나타낸다

心緣起法

시간 공간을 차지하고 있는 존재는
어디에도 없다

살아있는 인간의 마음속에서
세계는 이루어진다
보고 듣고 맛보고
냄새 맡고 만지고 생각함으로
모든 존재가 만들어진다

나와 남, 나와 세계는
마음이 지금 계속 만들고 있다
매 순간 순간 새로운 세상이 창조된다

지금 여기에서만
새롭게 만들어진다

心緣起法

스스로 존재하는 자성은 없다

의도적으로 조작하지 않으면
아무것도 없다
우리 앞에 나타나는 것들은
무엇이건 조건 따라 나타난다

있는 것은 있음으로 생겨날 필요가 없고
없는 것은 없음으로 생겨날 수 없다
있는 것은 있음으로 멸할 일이 없고
없는 것은 없음으로 멸할 일이 없다

있고 없음은
마음이 만든다

心緣起法

닭과 달걀의 생명에는
선후가 없다

닭이 있으면 달걀 있고
달걀 있으면 닭 있다
닭 없으면 달걀 없고
달걀 없으면 닭도 없다

닭 속에 달걀 있고
달걀 속에 닭 있다

닭을 기르면 달걀 나오고
달걀 키우면 닭 나온다

心緣起法

– 생명의 시작과 끝

생명에는 시작이 없다

생명의 시작과 끝을 논하는 것은
허망한 회론이고 사견이다

생명은 동사다
정지 없는 동작에
시작 끝이 들어설 자리가 없다

모든 생명은
우주의 생성과 함께 한다

생명은 끊임없이 흐르며 변한다
불변의 법法만 있다

생명에는 끝이 없다

心緣起法

삶과 죽음은
따로 떨어져 흐르지 않는다

홀로 스스로 존재하는 존재는 없다
스스로 존재하는 실체가 없어
삶과 죽음이 따로 흘러갈 것이 없다
모습이 이미 흘러갈 것이 없는데
그 모습의 바탕이 무슨 까닭으로 움직이겠는가

다만 세상에는 말로만
삶과 죽음이 있다

삶과 죽음은
한 덩어리로 뭉쳐 흐른다

心緣起法

우리가 서 있는 자리는
항상 빈자리다

생명이 있는 者가
하나가 보면 한 개의 세상이 나타나고
둘이 보면 두 개의 세상이 전개되고
열 명이 보면 열 개의 세상이
천만 명이 보면 천만 개의 세상이 열린다

마음이 있는 곳에 세계도 있고
마음이 사라지면 세상도 사라진다

心緣起法

나무는 물과 자양분을 먹고
자라는 존재가 아니며
물과 자양분이
나무를 키운다

나는 음식물을 먹고
사는 존재가 아니며
음식 바람 태양이
몸과 삶을 유지시킨다

몸은 안에도 있고 밖에도 있고
안팎의 경계는 없다

心緣起法

무명無明에서
생사生死가 벌어진다

밖에 있는
흙 물 햇빛 바람(…)
일체一切는 나와 한 몸이다

안이 밖이고
바깥이 안쪽이다
안팎은 둘이 아니다

心緣起法

생명은 마음이다
마음이 생명을 유지한다

사람도 동물도
나무도 풀도
벌레도 미생물도

살아있는 모든 것들은
마음을 계속 만들면서
삶을 상속한다

心緣起法

– 身과 空

몸은 업보로서 공성이고
작자 없는 몸이 공성이다

자아로 취하고 있는
오온*은 업보일 뿐
업을 지어 보호받는
작자는 따로 없다

자성이 공성이다
몸이 공성이고 공성이 몸이다

*오온: 色 受 想 行 識[몸(身), 감정, 생각, 행동, 분별심]

心緣起法
- 몸身

내 몸은 음식물이
흐르는 강이다

내 몸은 36.5℃로
타는 불꽃이다

내 몸은 정보가
드나드는 통신망이다

내 몸은 명색名色이
쌓이는 곳간이다

心緣起法

– 몸과 마음

마음이 있는 곳에 생명이 있고
생명이 있는 곳에 마음도 있다

마음은 몸을 떠나
따로 존재하지 않는다
마음은 몸을 가지고
살아갈 때 나타난다

삶이 있는 곳에
마음도 있고 세계도 있다

心緣起法

- 몸의 중심

호흡은 몸의 중심이다
몸이 호흡이고
호흡이 몸이다
몸과 호흡은 둘이 아니다

바람이 드나들지 않으면
몸은 무너진다

心緣起法

보는 자는
볼 때 온 곳이 없고
갈 때 간 곳이 없다
허망하게 나타났다
허망하게 사라진다

心緣起法

– 눈과 명색

눈이 없으면 빛 없고
빛 없으면 눈 없다

눈을 만나지 않으면
사물은 나타나지 않는다
사물이 없으면
눈도 보지 못한다

눈과 명색名色*은
명색名色과 눈은
둘이 아니다

*명색(名色): 이름과 형태 즉 존재

心緣起法
– 존재의 본질

칼날은 칼의 본질이다

보면서 보지 못한다
무엇을 보면서 보지 못하는가
칼날은 칼의 본질인 것 같지만
칼날은 볼 수 없다

모든 존재의 본질은
칼날처럼 보이지 않는다
존재의 있음/없음의 본질은
눈으로 볼 수 없는 칼날과 같다

칼의 양면이 없으면 칼날도 없다
칼날은 칼의 본질이 아니다

心緣起法

- 큰 괴로움

무상한 것을 자아로 취하면
괴로움이 발생한다
괴로움은 자기 뜻에 어긋나기 때문에
느끼는 감정이다

생로병사는
자기 동일성을 지닌 존재가 아니며
자기 뜻에 가장 많이 어긋나기에
가장 큰 괴로움이다

心緣起法

삶이 존재를 결정한다

생명이 사는 곳에 세상이 전개된다
있고/없음은 마음이 결정한다

개가 사는 곳에는 냄새가 가득하고
사람이 사는 동네는 그 냄새가 없다

모여 나타날 때 '있다'고 말하고
흩어져 사라질 때 '없다'고 말한다

세상에는 있는 것도 없고
없는 것도 있을 수 없다
우리가 만들면 있고
만들지 않으면 없다

마음이 그 짓을 한다

心緣起法
– 지금 여기 뿐

과거도 현재도 미래도
아닌 지점이
바로 지금 여기다

떠날 수도 없고
버릴 수도 없는 자리
항상 지금 여기에만 있다
여기를 떠나면 아무것도 없다

지금 여기는 본래부터
있었던 자리다
무엇으로 만들어진 것도 아니고
누가 만든 것도 아니다

보고 듣고 만지고
냄새 맡고 맛보고 생각하는
참삶의 자리는
바로 지금 여기 뿐

心緣起法

보고
듣고
냄새 맡고
맛보고
만지고
생각하면서
새롭게 느끼고
새롭게 생각하고
새롭게 의도하고
새롭게 인식하는 것이
참모습(眞我)이다

心緣起法

있다 없다는
몸에서 발생한다

눈에 사물이 보이면 있다고 말하고
귀에 소리가 들리면 있다고 말하고
코에 냄새가 나면 있다고 말하고
혀에 맛을 느끼면 있다고 말하고
몸에 촉감이 있으면 있다고 말하고
생각이 떠오르면 있다고 말한다

눈에 보이는 것이 없으면 없다고 말하고
귀에 들리는 소리가 없으면 없다고 말하고
코에 나는 냄새가 없으면 없다고 말하고
혀에 느끼는 맛이 없으면 없다고 말하고
몸에 촉감이 없으면 없다고 말한다

모든 존재의 있음/없음은
마음이 결정한다

心緣起法

마음이
있다고 말해도 틀린 생각이고
없다고 말해도 틀린 생각이다

눈으로 볼 때만 보는 마음이 생기고
귀로 들을 때만 듣는 마음이 생기고
코로 맡을 때만 냄새 맡는 마음이 생기고
혀로 맛 볼 때만 맛보는 마음이 생기고
몸이 움직일 때만 움직이는 마음이 생기고
숨 쉴 때만 숨 쉬는 마음이 생기고
생각할 때만 분별하는 마음이 나타난다

눈·귀·코·혀·몸 생각이
작동하지 않으면
이 세상에는 아무것도 없다

心緣起法

— 有無의 모순

있는 것도 아니고 없는 것도 아니다

눈이 있어 보이는 것이 있고
보이는 것이 있어 눈이 있다
눈 없으면 보이는 것 없고
보이는 것 없으면 눈 없다

귀가 있어 소리가 있고
소리 있어 귀가 있다
귀 없으면 소리 없고
소리 없으면 귀 없다

코가 있어 냄새가 있고
냄새 있어 코 있다
코 없으면 냄새 없고
냄새 없으면 코 없다

혀가 있어 맛이 있고

맛이 있어 혀 있다
혀 없으면 맛없다
맛없으면 혀 없다

몸이 있어 바람이 드나들고
바람 있어 숨을 쉰다
몸 없으면 바람 없고
바람 없으면 몸 없다

心緣起法

- 세계를 만드는 주체

홀로 일어나는 마음은 없다

보는 마음이 일어나면 눈이 작동하고
듣는 마음이 일어나면 귀가 작동하고
냄새 맡는 마음이 일어나면 코가 작동하고
맛보는 마음이 일어나면 혀가 작동하고
움직이는 마음이 일어나면 몸이 작동하고
숨 쉬는 마음이 일어나면 숨을 쉬고
생각하는 마음이 일어나면 기억이 작동한다

눈·귀·코·혀·몸 의식이
나도 세계도 만들고 펼친다

心緣起法

– 욕계(慾界)

눈과 사물(名色)이 욕탐으로 묶여있고
귀와 소리가 욕탐으로 묶여있고
코와 냄새가 욕탐으로 묶여있고
혀와 맛이 욕탐으로 묶여있고
몸과 촉감이 욕탐으로 묶여있고
의식識과 법法이 욕탐으로 묶여있다

이 여섯 가지 욕탐의 문(六入處)을
잘 지키면 속박에서 풀리고
모든 괴로움에서 벗어날 수 있다

心緣起法

- 소리

허공 속에 한 덩어리로
떠돌아다니는 소리는 없다
머물고 있는 소리도 없다

귀가 있어도 듣지 못하면 소리 없다
귀가 없어도 소리 없다
소리가 있어도 귀 없으면 소리 없다
소리 없으면 귀 있어도 소리 없다

心緣起法

삶이 존재와 세계를 결정한다

살면서 체험한 기억들이
의식 속에 잠재되었다가
비슷한 사물이 나타나면
'있다'는 생각이 일어난다
존재는 마음이 만들어낸 허상이다

心緣起法

이름을 만들고 붙인 후에야
모든 존재가 등장한다

나는 나의 새로운 세상을
너는 너의 새로운 세상을
계속 이름 지어 존재를 만들면서
그 속에 갇혀 살아간다

개는 개의 세상을
소는 소의 세상을
벌은 벌의 세상을
계속 새롭게 만들며
그 속에 갇혀 살고 있다

아무도 이름 짓고 부르지 않으면
세상도 괴로움도 사라진다

心緣起法

– 業과 存在

마음이 움직이면 업을 짓는다

마음이 움직이면
몸도 따라 움직인다
몸이 움직이면
마음도 따라 움직인다

마음이 흔들리면 괴로움이 생긴다
마음이 고요하면 괴로움도 사라진다

몸 없으면 마음 없고
마음 없으면 몸 없다

心緣起法

- 불과 연료

불 속에는 연료 없고
연료 속에는 불 없다

장작은 불의 연료가 아니다
통나무 조각일 뿐이다
불과 장작이 만나서
불타는 사건이 발생하면
그 과정에서 불의 연료가 된다
불이 장작을 연료로 만들고
장작이 불꽃을 만든다

불 없으면 연료 없고
연료 없으면 불 없다

心緣起法

– 생태계

동물 식물 무생물은
세 몸도 아니고 한 몸도 아니다

무생물 없으면 식물 동물 없다
식물 없으면 동물 무생물 없다
동물 없으면 식물 무생물 없다
무생물이 동물 몸 되고
동물 몸 무생물 된다

상호 운동으로
세 몸이면서 한 몸

心緣起法

모래알은
온 곳도 없고
머무는 곳도 없고
갈 곳도 없다

오고 있는 모래알도
머물고 있는 모래알도
가고 있는 모래알도 없다

항상
지금 여기에 만
온전히 있다

(정해진 시간은 없고
매 순간 해야 할 일만 하면 된다)

心緣起法

– 時空과 모래알

모래알은
시간 공간을 무대로
놀고 있는 것이 아니다

낱낱의 모래알 속에는
그 알 크기만큼 시공時空이 들어있고
저 마다 하나의 세계를 만들면서
시공과 한 덩어리로
세상을 펼치면서 굴러가는 중
각각 주인공으로

心緣起法

모래알의 환멸문還滅問은
모든 괴로움의 뿌리를 뽑아버리고
행복한 삶의 문을 여는 법

잘못 가고 있는 길임을
깨달아 알고
돌아서서
따사로운 고향 찾아가는
길의 문

心緣起法

모래알은
눈을 가진 존재가
보면 있고
보지 않으면 없다

눈과 모래알은
모래알과 눈은
둘도 아니고
하나도 아니고
같지도 않고
다르지도 않다

안과 밖은 원래 하나며
안팎이 분리되는 순간
모래알은 죽는다

心緣起法

– 생과 멸

뜨거운 사막(世間)의 모래알은
생멸이 있다

사막 모래알이라는
말(言語)과 생각에서 벗어난(出世間)
모래알은 생멸이 없다

心緣起法

이것이 있는 곳에 저것도 있고
이것이 나타나면 저것이 나타난다
연기를 보는 자 법을 보고
법을 보는 자 연기를 본다

생명이 있는 곳에 세계가 있고
살아있는 동안만 세상이 등장한다
모두 잠들면 세상은 없고
눈을 뜨면 다시 나타난다

밖에 있는 것을 보고 듣는 것이 아니라
마음속에 저장된 것을 끄집어내어 본다
제 마음이 제 마음을 보고 쓰면서 산다

心緣起法

인간은
인간의 세상을
벗어날 수 없다

개는
개의 세상을
떠날 수 없다

사람과 개는
같은 시공 속에 함께 살지만
각각 다른 세상을
지금도
계속 만들며 살아간다

心緣起法

하나의 세계에 여러 생명들이
같이 모여 살지만
제각기 다른 세상을 보고 만들며 산다

눈을 중심으로 사는 동물은
빛으로 존재를 인식하고
귀를 축으로 사는 동물은
소리로 사물의 형태를 구분한다
박쥐는 자신이 낸 소리의 반사로 본다
지렁이는 피부의 촉감으로 알고
빛의 파장으로 맛을 식별하는 동물도 있다

눈·귀·코·혀·몸 생각이
세상을 만들고 펼친다
이 여섯이 세계의 근원이고 바탕이다

心緣起法

– 無我

과거 현재 미래를
관통하는 존재는 없다

존재가 없는 데
시간이 어디에 있겠는가

존재!
죽을 내가 없는 데
생사生死가 어찌 있겠는가

心緣起法

– 죽을 내가 없다

태어나 죽는다는
말은 인정할 수 없다

태어났을 때의 내 몸과
죽을 때의 내 몸은
단 한 찰나도 동일한 적이 없다

삶의 과정만 있고
그 과정을 관통하는
불변의 나는 없다
삶과 죽음은 하나다

태어나 죽는
생명은 인정할 수 없다

心緣起法

구름 속에 구름 없다
수증기가 떠다니면
구름이라고 부른다

비 속에 비 없다
물방울이 떨어지면
비가 내린다고 말한다

강물 속에 강물 없다
빗물이 모여 흘러가면
강물이 흐른다고 말한다

바닷물 속에 바다 물 없다
강물이 모이면
바닷물이라고 부른다

수증기 속에 수증기 없다
김이 올라가면
수증기라는 말이 생긴다

물(H_2O) 없으면 다 없고
한 몸이다

心緣起法

– 시작점과 끝 점

생명에는
시작점과 끝 점을 찍을 수 없다

어머니의 몸에서 나온 날이
생일날이고 생명의 시작점이다

먹고 마시지 못하고
숨이 끊어지는 날이 제삿날이고
생명의 끝 점이다

수정한 때가 생명의 시작점이다
정자 난자도 생명의 한 선상에 있다
아버지 그 아버지의 아버지의 생일날도
찍으면 생명의 시작점이다

아들딸의 생명도 한 선상에 있다
아들 그 아들의 아들의 생명도
끊임없이 상속되어 이어진다
임의로 찍으면 어디든 시작 끝 점이 될 수 있다

생명은 시작점이 끝 점이고
끝점이 시작점이다

心緣起法

- 진여와 훈습

참 마음의 성품은 늘 망념이 없다

마음의 본바탕은
본디 깨끗하고 밝더라도
무명의 훈습이 있어
무명에 오염되어 오염된 마음이 있다
오염된 마음이 있더라도
본 성품은 물들지 않는다

마음이 움직이더라도
본바탕은 늘 고요하다

心緣起法

– 상호인과율

원인은 결과에 앞서지 않는다
결과는 원인에 영향을 주지 못한다

뿌린 씨앗이 그대로 있다면
열매 맺지 못한다
뿌린 씨앗이 없어져도
열매 맺을 수 없다

있는 것은 없어질 수 없고
없는 것이 생길 수도 없다

씨앗이 열매되고
열매가 씨앗 된다
씨앗 없으면 열매 없고
열매 없으면 씨앗 없다

心緣起法

– 色界

물질세계의 모든 존재는 공간 속에 있다
만약 공간이 없다면
물질의 존재는 근거지가 없다
공간은 물질세계의 바탕이다

공간은 지각할 수 없는
무량무변한 것이다
공간은 감각으로 지각되지 않는다
공간에 대한 인식은
지각을 통해 성립되는 것이 아니다

공간은 색이 지각되지 않을 때
갖게 되는 관념으로
공간이 존재한다고 착각한다

공간은 존재가 없을 때
의식이 만든 허상이다

心緣起法

– 生死와 涅槃

열반은
생사에서 조금도 벗어나지 않으며
마음에서 벌어지는 삶이다

열반과 생사는
시공을 떠나 미래에 있는 것이 아니다
지금 이 자리에 함께 한다
열반은 살면서 죽음에서 벗어나기다
팔정도*의 삶이
그 길을 닦고 연다

*팔정도: 正見 정견, 正思惟 정사유, 正語 정어, 正業 정업, 正命 정명, 正精進 정정진, 正念 정념, 正定 정정.

제2부

인식론_ 一切唯心造

心生則 種種法生

心滅則 種種法滅

마음이 일어나면

온갖 종류의 존재가 생기고

마음이 사라지면

온갖 종류의 존재가 사라진다

一切唯心造

삶이 존재를 만든다

명사의 근거는 동사다
동사가 명사를 결정한다

사람 속에 사람 없다
삶을 살면서
사람이라고 이름 붙이고
사람이라고 부르면 사람이 된다
삶이 없으면 사람 없다

명사 속에는
탐진치가 훈습되어 숨어있다

一切唯心造

소리는 공空이다

손뼉 치는 소리는
시간 속에 머물러 있을까
공간 속에 머물러 있을까
듣는 자의 귀 속에 붙잡혀 있을까

귀를 가진 존재가 없다면
이 세상의 소리는 어떻게 있을까

一切唯心造
- 無我空

어제의 나는
나라고 할 것이 없다

오늘의 나는
나라고 할 것이 없다

내일의 나도
나라고 할 만한 것이 없을 것이다

나라고 말할 수 있는 것은
지금 여기에
텅 비어 있는 나

一切唯心造

참나 眞我는
보고 보임이 함께 있는 나
나와 남이 둘이 아닌 나
있음/없음에서 벗어난 나

一切唯心造

하나의 생명이
태어났다 죽음은
일어났다 사라지는
파도와 같다

생명은
소리처럼
일어났다 사라진다

온 곳도 없고
간 곳도 없다

一切唯心造

\- 심법공

나와 세계는 분리되지 않는다

이 세상에는
나의 것도 없고
너의 것도 없다

내 것 아닌 것도 없고
네 것 아닌 것도 없다

一切唯心造

－ 無我空

시간 공간 속에
태어날 나도 없고
죽을 나도 없다

無明무명으로 五蘊오온을 취하여
생각(心) 속에만
망상 덩어리로 있다

실체는 없고
시작도 끝도 없는 삶
움직임(空)만 있다

一切唯心造

이 세상의 모든 것은
살아있고 의식이 있는 한 길 몸속에서
망상으로 시작된다

이 세계는 누가 만든 것도 아니고
무엇으로 된 것도 아니다
생명이 있는 중생이
안이비설신의眼耳鼻舌身意를 가지고 살면서 만든다

이 세상의 일체는
살아있고 의식이 있는 한 길 몸속에서
허상으로 끝난다

一切唯心造

- 언어와 허실

책상은 책상이 아니다

밥상 위에 책 놓고 읽으면 책상
책상 위에 밥 차리고 먹으면 밥상
추워서 군불로 지피며 장작불

우리네 가난한 살림살이 늘
밥상 위에
밥 차리고 밥 먹고
책 놓고 책 봤다

책 없으면 책상 없고
밥 없으면 밥상 없다

一切唯心造

– 욕심이 존재를 만든다

책상은 책상이 아니다

서랍 속을 아무리 뒤져봐도
책상에는 어디에도
platon의 idea는 없다

욕망만이 서랍에 가득할 뿐

존재와 탐욕

방이면서 방이 아니다
방 안은 탐진치로 가득하다

남성들이 사용하면 사랑방
어머니가 사용하면 안방
방석 깔고 술상 차리면 손님방
밥상 놓고 밥 먹으면 식당
밥상 놓고 책 보면 공부방
이불 펴고 잠자면 침실

방바닥엔 어리석음이 깔려있고
천장을 욕심으로 장식하고
벽은 성냄으로 도배 됐네

一切唯心造

걸어서
세계의 끝에는 갈 수 없다

그러나
세계의 끝에 가야만
모든 괴로움을 끝낼 수 있다

一切唯心造
– 苦의 뿌리

괴로움의 뿌리는
나와 세계를 분별하는 앎이다

눈 속에 보는 내가 있고
귀 속에 듣는 내가 있고
코 속에 냄새 맡는 내가 있고
혀 속에 맛보는 내가 있고
몸속에 숨 쉬고 움직이는 내가 있고
영혼이 몸 어딘가에 있다고 생각한다

내가 죽으면 몸은 흩어지고
몸속의 영혼은 빠져나가
어디론가 간다고 생각한다

착각이며 괴로움의 뿌리다

一切唯心造
– 有無

있는 것은 있다고
없는 것은 없다고
보고 말할 수 있어야 한다

참으로 있는 것이 있다면
누가 보든 안 보든
어디엔가는 꼭 있어야 한다

너만 보고 나는 볼 수 없다면
나만 보고 너는 볼 수 없다면
참으로 있다고 말할 수 있겠는가

一切唯心造
- 時間

과거의 시간 속에
현재 미래의 시간이 없다
현재의 시간 속에
과거 미래의 시간이 없다
미래의 시간 속에
과거 현재의 시간이 없다

현재의 시간은
지나간 과거와 오지 않은 미래의 사이에 있다
과거 미래가 없는데
사이의 시간이 어떻게 있겠는가

과거 미래의 시간에는
아무도 가본 사람이 없다
내일이 또 와서 눈을 뜨면
또 오늘 지금 여기만 보인다

一切唯心造

– 인식의 관점

모든 존재는
마음 안에 있고 밖에는 없다

책상이든 비행기든
밖에 있는 것 같지만
마음안에 名色*으로 똬리 틀고 있다

마음 밖에는 한 물건도 없다

*名色: 이름과 형태 name form

一切唯心造

– 마음

모습 없는 존재는
어디에도 보이지 않는다
마음이 있다면
가지고 있는 모습이 있어야 한다

모습 없는 마음은
몸 바깥에 존재하지 않는다
마음이 있는 것이 아니라
이름 붙인 후에야
마음이라고 불린다

마음은
이름만 생각 속에 있다

一切唯心造

\- 허공

모습 없는 존재는
어디에도 보이지 않는다
허공이 있다면
가지고 있는 모습이 있어야 한다

볼 때 아무것도 보이지 않아
허공이라고 부른다

모습 없는 존재는
마음 바깥에 존재하지 않는다
허공이 먼저 있는 것이 아니라
마음이 이름 붙인 후에야
허공이라고 불린다

一切唯心造
- 마음

마음은 한없이 크고 한없이 작다
모양도 없고 냄새 맛도 없다
볼 수도 만질 수도 없다
얻을 수도 버릴 수도 없다

너무나 크고 너무나 작다
텅 비어 있으면서 꽉 차있다
채울 수도 비울 수도 없다

一切唯心造

– 존재와 언어

존재는 언어와 이름이다

존재는 인식을 바탕으로 등장한다
존재에 앞서 인식이 먼저 일어난다
존재는 외부에 먼저 실재하지 않는다
마음 안에서 이름 짓고 나온다

언어로 무엇이라고 규정한 후에
명사가 존재로 드러난다

一切唯心造

언어의 길은
길 없는 길을 가는 것

인간은 언어의 존재다
언어는 정신이다
언어를 잃으면 길을 잃는다

언어는 표시며
임시로 다는 이름표다
그 뿌리는
실상과 멀고 모순을 동반한다

언어의 해체는
바른 길로 인도하는 길잡이다

一切唯心造

인간은 언어에 기대어 살고
언어는 삶을 지배한다

언어는 욕구를 통해 조작된다
욕구가 있을 때
욕구에 상응하는 이름이 만들어진다
존재는 욕망을 앞세워 성립된다

마음이 이름을 짓고 부르면
없던 존재가 있게 된다

끊임없이 언어로 존재를 만들면서
언어의 감옥에 제 스스로 갇혀 산다

一切唯心造

- 마음과 언어

언어는 무서운 도구다
잘 주고 잘 받아 써야 한다
언어를 함부로 다루면
마음에 상처를 내고 생명을 죽인다

마음에 욕탐이 생기면 언어를 만들고
의식 속에 언어를 저장한다
무명無明일 때
마음에 욕심이 일어나고
언어를 꺼내 쓴다

언어를 잘 주고 잘 받아쓰면
이로운 도구가 되어 생명을 살린다

一切唯心造
- 언어의 세계

욕망이 무지를 낳는다
욕탐을 앞세우면
진리를 보지 못한다

언어는 욕탐에서 나온다
인간은 언어적 존재다
언어는 욕구가 있을 때
인간이 구성한 개념이다

인간의 의식은 존재에서 출발한다
현실 세계에는 이름이 수없이 많다
존재에 대한 인식은
이름과 언어를 통해 이루어진다

우리의 현실 세계는
욕탐이 만든 언어의 허상이 지배한다

一切唯心造
- 존재

존재는 시간 속에서
아주 짧은 시간이라도
자기 동일성을 유지하고 있어야 한다
자기 동일성을 가진
존재는 어디에도 없다

존재가 그대로 유지되고 있다는 착각은
그것을 사용하려는
의도를 충족시켜 주기 때문이다

존재는
마음이 구성한 허구다

一切唯心造
- 無名과 明

마음 밖에는
한 물건도 없다

무명으로 마음이 욕탐을 일으키면
있다/없다 기쁘다/괴롭다
는 분별심이 일어난다

마음이 明으로 고요하면
분별심이 사라지고
비로소
안과 밖의 구별심이 사라진다

一切唯心造

– 안과 밖의 착각

안이 없으면 바깥이 없고
바깥 없으면 안도 없다

내 몸이 있고
바깥에는 시간 공간의 세계가 있어
그곳에서 태어나 살다
죽어 어디론가 간다고 착각한다

나와 밖의 세계를
제 생각대로 경계선을 그어
둘로 갈라놓는다

몸 안의 모든 생명들은
밖의 무수한 무생물과 생명들이
드나들기에 생명을 지탱한다

안과 밖은
긴밀한 한통속이다
안팎은 분리될 수 없다

一切唯心造

– 苦의 발생

이치에 맞지 않은 생각을 하면
없던 번뇌가 생기고
있던 번뇌는 커진다

이치에 맞는 생각을 하면
있던 번뇌는 사라지고
없는 번뇌는 일어나지 않는다

一切唯心造

지금 여기를 떠나면
아무것도 없다

보고
듣고
냄새 맡고
맛보고
만지고
생각하는
삶을 이어가는 장소는
지금 여기 뿐

지금 여기에만
모든 것이 온전하게 다 있다

一切唯心造

삶/생명의 구조가 마음이다

생명이 있는 존재들이 살면서
보고
듣고
냄새 맡고
맛보고
만지고
생각할 때
마음이 형성되고
쉼 없이 증장된다

움직이지 않으면
마음은 드러나지 않는다

一切唯心造

멈추어 있는 바람은 바람이 아니다
불고 있는 바람은 있음(有)이 아니다

멈추어 있는 시간은 시간이 아니다
가고 있는 시간은 있음(有)이 아니다

멈추어 있는 생명은 생명이 아니다
살고 있는 생명은 있음(有)이 아니다

생명 시간 바람은 공(空)

一切唯心造

\- 有無의 모순

있다는 생각은
없다는 생각에 의지하여 생긴다
없다는 생각이 사라질 때
있다는 생각이 나타난다

없다는 생각은 있다는 생각의 바탕이다
없다는 생각의 바탕이 사라져야
있다는 생각이 나타난다

바탕이 사라졌는데
무엇이 의지하여
존재가 있을 수 있겠는가

있다/없다도
마음이 만들어낸 허망한 말이다

一切唯心造

– 觸(촉)

지각은 대상과 공간을
사이에 두고 느낀다
공간을 사이에 둔 접촉이다

촉觸은 두 사물 사이에
공간 없음을 의미한다
지각 대상이 외부에 있다면
촉할 수 없다
촉은 의식 내부에서 이루어진다

촉이 있을 때
마음에 수受 상想 사思가 생긴다

一切唯心造

보고 보임의 인식은
항상 같은 곳에서 동시에 생긴다

인식은 본다는 조건으로
마음에서 생기는 의식이다
인식은 눈으로 사물을 보고난 후에
생기는 것이 아니다
봄과 동시에 나타난다

보는 행위가 나타날 때
인식하는 마음이 나타난다

본다는 조건으로 보이는 마음이 생기고
보이는 조건으로 본다는 마음이 생긴다

一切唯心造

보거나 보이기 전에는
아무것도 없다
봄과 동시에 함께
둘이 하나로 나타난다

과거의 모습도
현재의 모습도
미래의 모습도
지금 이 자리에 모두
똬리 틀고 의식 속에 모여있다

一切唯心造

존재의 본질은 재료가 아니다

나무로 만든 책상도 있고
쇠로 만든 책상도 있고
플라스틱으로 만든 책상도 있다

책을 놓고 보기에 알맞으면
분별없이 책상이라고 인식하고
책을 놓고 보려는 욕구가 충족되면
모두 책상이라고 이름 붙이고 부른다

모든 존재는 의욕이 근본이고
의도가 기원이다

一切唯心造

– 심(心)과 삼계(界)는

원인과 결과는 함께 있음으로
결과는 원인을 떠나지 않는다

마음과 몸은 서로 붙어 어울려 다닌다
깨달아 알면 마음은 움직이지 않는다
움직이지 않으면 경계가 나타나지 않아
볼 것이 없고 얻을 게 없다

자신의 칼이 자신의 칼을 베지 못하고
자신의 손가락이 자신의 손가락을 가리키지 못하고
자신의 마음이 자신의 마음을 보지 못한다
마음은 스스로 마음을 보지 못하여
얻을 수 있는 어떤 모습도 없다

모든 법은 마음에서 일어난 망념이고
모든 분별은 자기 마음의 분별뿐이다
삼계는 다만 마음이 만들 뿐이다

一切唯心造

\- 식(識)

대상은 인식되는 대상일 뿐이다
인식되는 객관도 인식하는 주관에서 나온다
인식은 자신의 마음속에서 일어나는 현상이다
존재의 본질은
외부의 자연 대상에서 찾을 수 없다
각자의 의식 속에 있다

마음 밖에 세계가 실재한다는 생각은
신념이고 가설이며 모순적 허상이다
인식되는 대상은 오직
인식되는 대상만으로 존재한다
의식 속에 단지 무상하게 인식되고 있음이다

一切唯心造

– 識과 名色

내부 의식 속에 색계에 대한 명색이 있고
외부 공간 속에 색계가 있다
식은 의식 속에
명색이 있을 때 이루어진다

명색이 없다면 명색을 의식하는
식도 있을 수 없다
식이 없다면 의식되는 명색도 없다
식은 명색에 명색은 식에
서로 서로 의존하고 있다

식은 명색을 분별하는 의식이다
명색이 있을 때
사물을 지각하고 존재로 인식한다
대상이 없으면 식이 성립되지 않는다

식 없으면 명색 없고
명색 없으면 식 없다

제3부

가치론_ 時空을 태우다

인생은 무상하고 삶은 애절하여

그 가치를 洞察하다

生也一片浮雲集

死也一片浮雲滅

태어남은 한 조각 구름이 모임이요

죽음은 한 조각 구름이 멸함이로다

사람은 동사다

사람 속에 사람 없고
사람은 동사다

사람이 마음을 가지고 사는 것이 아니라
삶이 사람도 마음도 만든다
음식물을 먹으면 몸이 만들어지고
그 몸을 가지고 사는 행위가 삶이다
삶이 사람이다

명사(사람)은 생사가 있고
동사(삶)는 생사가 없다

움직임이 없으면 송장이라고 부른다
사람은 피동사다

시간을 태우다

담배 연기 속에
시간이 날아간다

먼지 속에
시간이 펄펄 날린다

모래알이
시간을 지고 밀고 끌고 간다

볼펜 속 공이
시간을 굴린다

시간을 실에 감아
스웨터를 뜬다 오십 년

시간을 태우며
착각의 중심에서 서성인다

흔적

담배를 태운다
남김없이 태운다

담배는 제 몸을
벌겋게 태우고
여기에서 사라졌다
어디서 왔다 어디로 갔는가

죽음을 알 수 있어 다행이다

태어남은 죽음의 시작이고
죽음은 태어남의 끝이다
이어짐은 끊어짐의 시작이고
끊어짐은 이어짐의 끝이다

이어지는 모든 것들은
뚝뚝뚝
끊어지며 이어 흐르지

모래시계 모래알도 끊어지며 떨어지고
피아노 소리도 끊어지며 이어 들리지

수도꼭지 물도
뚝뚝뚝
부러지며 이어 흐르지

나이테도 끊어지며 이어지고
몸도 생명도
뚝뚝뚝
끊어지며 이어 살지

공간

허공을 측량할 수 있을까
공간은 어떤 넓이로 자를 수 있을까

좁거나 넓은 공간은
부피를 가지고 있는 허공은
아인슈타인의 휘어지는 공간은
생겼다 없어지는 허공은
어디에 어떻게 있을까
사물 안에 있을까 밖에 있을까
안팎에 있을까

허공은
모양이 없어 볼 수 없고
소리가 없어 들을 수 없고
향기가 없어 냄새 맡을 수 없고
맛이 없어 맛볼 수 없고
형태가 없어 만질 수 없다

공간은 생각을 떠나서는 없으며
현재의 생각 속에서만
생기고 없어진다

시간

시간의 길이를 잴 수 있을까
시간을 잘라서
과거 현재 미래로 분리할 수 있을까

길거나 짧은 시간은
느리거나 빨리 가는 시간은
생겼다 없어지는 시간은
어떻게 생기고 어디에 있을까
존재 안에 있을까 밖에 있을까
안팎에 있을까

시간은
모양이 없어 볼 수 없고
소리가 없어 들을 수 없고
향기가 없어 냄새 맡을 수 없고
맛이 없어 맛볼 수 없고
형태가 없어 만질 수 없다

시간은 의식을 떠나서는 없고
망상 덩어리 속에 언어만
생겼다 없어진다

문이 있는 바위

어둠이 깔리면
검은 대문이 열리고
검은 바위 속으로 들어감

보는 나와 보이는 바위는
본래 한 물건일세
둘도 아니고 다르지도 않네
보면 나타나고 안 보면 사라지네
보는 놈은
올 때는 온 곳이 없고
갈 때는 간 곳이 없네

동이 트면
하얀 문이 열리고
바위 속에서 나옴

문이 없는 바위

바위는 있다/없다
바위는 있는 것도 아니고 없는 것도 아니다
바위는 있으면서 없고, 없으면서 있다
바위는 모래알이다 아니다
바위는 물이다 아니다
바위는 불이다 아니다

아니다 바위는 바위다

암호의 검은 바위를
밤의 검은 아가리가 삼킴
있음과 없음의 간격을 지우고
밤의 검은 칼날이 해부함

존재와 시간

바위
조약돌
모래알
먼지
이들은 시간을 싸는
크고 작은 보자기

보자기를 풀고 찾아보니
아무것도 없네

존재와 시간은
서로 의지하여
동시에 함께
일어났다
사라졌네

모래알 1

모래알 속에서
하늘과 바다가 보입니다

모래알 속에는
따슨 햇빛과
차가운 바람과
추억의 별과
아주 긴 시간 공간도
한 덩어리로 뭉쳐 있습니다

모래알 2

하세월 씻긴 알맹이
곱기도 하여라

따스히 배어든 햇살
은근히 물든 달빛
살포시 스며든 별빛

마음도 오롯이 깃들어
빤짝빤짝 빛나는
알맹이 우주의 파편

모래알 3

모래알은
천국에서 태어나
천국에서 놀다
천국으로 가는 중

지구라는 별을 타고

모래알 4

모래알은 바위의 살점
바위는 지구의 모래알
지구는 우주의 모래알
내 육신을 덧없이 떠도는
삼독이 가득찬 모래알

모래알 5

- 시간

모래알은
바위 속의 시간을
퍼 담아
모래알 속에 가득 싣고
허공을 가르고 쪼갠다

모래알 6

- 불타는 금강산

아름다운 겉 모습만을 취하여
콩깍지가 씌워 묶인 마음이
불타는 금강산

안으로 살피고
겉으로 살피고
안팎을 정견正見으로 관하네

봄여름 푸른 망토
겨울에 하얀 천을 두르고
가을엔 단풍이 불타는 절경
뿌리에는 마그마 불꽃이 이글거린다지

'금강산' 이름을 가지고
모래알에
물방울에
의지하여 살고 있네

모래알 물을 다 빼버리면
산은 서 있나 쓰러지나

모래알 7

- 63빌딩

서울 여의도 63빌딩을
적당한 거리에서 바라보네

속으로 살피고
밖으로 살피고
안팎을 잘 살피네

땅 속 바닥부터
옥상 꼭대기까지
모래알에
물방울에
의지하여
철골로 버티고 서 있네
'63빌딩' 간판을 달고

無我空

촛불은
한순간도 멈추지 않고
새로운 기름이 타면서
무상하게 불빛을 내고 있을 뿐
촛불은 실존하지 않는다

촛불처럼 타고 있는 내 생명도
보고 듣는 자아는
몸속에 없고
보거나 들을 때만
나타난다

(이것을 알아차리는 자리는 지금 여기 살아있는 자리 뿐)

갈대

갈대는 속속들이 비우고 가볍게
갈 데를 참으로 잘 아는 갈대

몸집보다 커다란 꽃을 펄떡이는
하얀 깃발로 높이 피어 올리고는
작은 바람이 불면
작은 몸짓 작은 소리로
큰 바람이 불면
큰 몸짓 큰 소리로
춤추며 노래 부를 줄 아는 갈대

갈대는 속속들이 텅 비우고
가벼움으로 꽉 채워
갈 때를 참으로 잘 아는 갈대

죽음의 길

영혼이 이사를 간다
살던 집을 버리고
삼독이 불타는 집을 버리고
영혼이 이사를 간다
아픈 감옥에서 풀려
영혼이 이사를 간다
여기서 저기로 언덕 강을 건너
보이는 곳에서 안 보이는 곳으로
영혼이 이사를 간다
좁은 데서 넓은 데로
어두운 데서 밝은 데로
영혼이 날개를 달고
공空의 나라로 이사를 간다
이사를 간다 이사를 간다

삶이 무엇인가를 묻다

실과 바늘에게 삶을 물으니
그냥 뜨개질만 하란다

시에게 삶을 물으니
그냥 시만 읽고 쓰란다

부처님께 삶을 물으니
마음 마음 마음이란다

마음에게 삶을 물으니
대답 없고 소리 빛도 없다

가슴에게 삶을 물으니
아픔 아픔 아픔이란다

불안의 검은 고름

벽에 못 박혀
죽어, 걸린 시계는 있지만
벽에 막혀 흐르지 못하고
말라, 죽는 시간은 없지

모래알 속에 갇혀
좁아진 공간은 있지만
바위에 밀려 찢어지는 공간은 없지
썩어 없어지는 공간도 없지

바위가 모래알이 되고
모래알 속에서도 시간이 흘러나오지
바위 속에서는 더 많은 시간이 흘러나오지
바위는 모래알이 흐르는 바다
모래알의 좁은 공간은 끝없는 하늘이지

줄지 않는 공간 속에서
이제야 겨우 떨며

녹슬지 않는 공의 잔을 얻어
멈춤 없는 시간을 마시며
가슴 속에 고인 불안의 검은 고름을
조금 아주 조금씩 짜내어 천천히
아프게, 버리지

가을

붉은 홍시 몇 개 달고
텅 비워버린 나뭇가지에
외로운, 저녁 까치 한 마리
"까악, 까악, 까악, 까악."
텅 빈 하늘 가득
암호를 단다 암호를 단다

내 가슴에 떠도는 섬

따슨 바람도 머물지 않는
높은 파도가 아우성치는
떠도는 나의 차가운 섬에
허물어지는 사랑의 둑방을
다시 쌓으며
미루나무, 아카시아, 감나무를 심고
장미, 넝쿨장미를 키우고
고독을 씹는 동굴에는
갈대 요를 새로 깔고
자갈길 십리, 맨발로 오가며
잠결에도 솟구치는 당신을
밀레니엄 밀레니엄 기다릴라오

팽이 놀이

팽이는 감기고 풀리는
아이들의 공상
감긴 끈이 풀리고
신나게 돌아가네

팽이도 죽는다는 걸 아는 아이들
의 웃음소리는
돌아가는 팽이 속으로 잠기고
등 뒤, 나의 우울은
겉도네

차츰
풀린 내 마음도
돌아가는 팽이에 감겨
아이들의 웃음소리와 섞기네

그러나
내 몸은

초반도 중반도 다 풀리고
마음만 뒷부분에 감겨
흔들리며 도네

손이 닿지 않는 거리

당신은 투명한 핑크빛 장미꽃
멀리서 은근히 바라만 보나니

향기가, 보드라운 속살이, 풍만한 꽃일수록
손이 닿는 거리에서 마주하면
사랑의 가시로 피를 볼지라도
사랑이란 이름으로 꺾고야 마는 것

-한번 꺾인 꽃은 쉬이
　　　　시든다는 것도 잊은 채

당신은 핑크빛 투명한 장미꽃
정말, 아주 적당한 거리에서
황홀히 바라보고 싶나니
손이 닿지 않는 거리에서

마르지 않는 사랑

뒤척이며 시를 생각하는 밤이면
마르지 않는 사랑
사랑의 추억을 쥐어짜네

즐거운 기억은 짜서 털어 버리고
아픈 기억은 잘 펴 말려
가슴 속주머니에 넣어두네

달도 밝아 그리움이 번지는 밤이면
참이슬 한 잔에
잘 말린 사랑 한 점

삼십삼 년
털어 말린 사랑의 뼈인데
물기는 아직도 번지네

메마른 눈에도
앙상한 가슴에도 번져
어리는 방울 눈물방울

뜨개질 삼매

실은 옷의 어머니
바늘은 옷의 아버지
오른손에 어머니의 혼을 쥐고
양손에 아버지의 혼을 잡고
뜨개질 삼매에 듭니다
춥지도 덥지도 아니합니다
탐욕의 바람이 잦아집니다
성냄의 마음이 고개를 숙입니다
어리석음이 지혜로 바뀝니다
뜨개질 속으로 들어가
몸과 공간이
마음과 시간이
모두 하나 되어
너도 나도 없습니다.

하나 되는 法界

하늘과 땅이 서로 만나 하나가 되는
하나 되는 법계를 찾아 길을 재촉한다

커다란 몸집이 흩어져 각각
제 집으로 돌아갈 준비를 하니
귀신도 덩달아 하늘로 날아갈 준비를 하고
갈 길이 멀어 마음도 괜스레 번거롭다

과거의 흙에 왼발은 남겨두고
순간마저도 오른발로 어리석게 차버리며
앞으로 앞으로만 오로지 달려가더니 … 문득

땅과 하늘이 서로 만나 하나가 되는
하나 되는 법계는 바로 여기 순간!
산속에 있으면 산이 안 보이고
집안에 있으면 집이 안 보인다네

범어일여

바람 뒤에 숨어서
비가 내리네 소리도 없이
한 여름 목마른 섬에
오시는 비는
아름다운 손님

우산도 쓰지 않고 귀하신
손님 맞으며 둥근 정원을 거니네
둥근 연못가
파란 비치파라솔
검은 우산이 되었네 비에 젖어

연꽃 잎새에 맺히는
물방울의 투명함!
물방울 속에는
해가 들어있네
하늘이 들어있네
우주가 들어있네

하얀 연꽃, 연꽃 속에 놀다
둥글어진 나는
투명한 물방울 속으로
빨려 들어가네

순수의 노래

눈이 오시누나
푸른 하늘도 가리고
오시는 하얀 눈은
언제 어디서나 아름다운 손님

지붕 위에
들판에
산에
푸른 소나무 위에
소복이 쌓인 눈꽃은
한 소리, 순수의 노래!
오- 아름다워라

흰 것은 모두 아름다워
붉은 마음
검은 마음
푸른 마음
이제 그만 다 텅 비워 버리고
눈꽃처럼
희디희게

法

베트남 전쟁, 구정공세 때 김명규 상병이
베트콩을 많이 죽였다고
즉석에서 충무공 훈장을 받고
일계급 특진 병장이 되는 걸 보았지

우리 동네 골목길에서 중복 날 아침 노동자가
똥개를 도살, 털을 태우다가
파출소 순경에게 죽은 개처럼
끌려가는 걸 보았지

시즌 중간쯤 야구장에서 정수근 프로가
도루를 잘 한다고 관중으로부터
큰 박수갈채를 받는 걸
TV에서 보았지

IMF 때 대형 슈퍼마켓에서 삼십 대 미녀가
무슨 패드인가를 훔쳤다고
많은 사람들에게 둘러싸여
개망신 당하는 걸 보았지

꽃의 축제
– 華嚴法界

꽃은 피고 지는 것이 아니다

꽃이 피어있는 것이 아니다
흙속에 뿌리내리고
햇빛, 물, 거름을…
공짜로 받아먹고 살면서
온갖 화사花詞로, 화려한 몸짓으로
허공에 갖가지 향기를 피워 올리고 있지

꽃은 꽃잎과 암술 수술이
서로 의지하여
열렬한 사랑, 수정의 역사가 있고
생명 상속의 행위
종족보존의 임무를 수행하고 있지

꽃은 시들어 지는 것이 아니라
황홀, 짜릿한 몸부림의 과정만 있지
그렇게 해야 할 일을 잘 마무리하고

녹아내려 거름이 되어 종국엔
몸짓만 사라져 무대를 썰렁 비우고
허공 속으로 들어가 하나가 되지

꽃은 피었다 지지 않는다

뜨개질 수행 -묵묵默默한 구도자求道者의 길

이성림(문학박사·명지대학 명예교수)

들어가는 말 - 묵언의 직조織造

뜨개질 시인으로 잘 알려진 권영목 시인의 작품집『사람 속에 사람 없다』를 일별一瞥하며 역시 철학적·명상적 깊이의 철리哲理를 담아내고 있음에 묵직한 무게감을 느끼게 됩니다. 순수한 독자의 몫으로 읽어 가는 동안 법열法悅의 경지를 느끼며 매우 흐뭇했던 일품逸品을 놓치지 않고 건져 올린 내심에 홀로이 쾌재快哉를 불렀습니다. 마음으로 기억하고 있던 권 시인을 비교적 지근 거리에서 뵈올 수 있었고 간간이 대화를 나눌 수 있었던 것은 커다란 분복分福 밖의 복이었다고 생각합니다.

그것을 저는 선연선과善緣善菓로 새겨 봅니다. 권영목 시인과 아름답게 맺은 인연이 오늘 아름다운 과실로 열매 맺게 만들어 주심이라고 의미 부여를 하면서 조심스럽게 다가가고자 합니다. 권 시인과는 참으로 좋은 계기에 부처님의 가호하심과 연기緣起로 인하여 가까이에서 만나게 되었습니다. 함께 일을 도모하며 예지를 모으고자 하는 기회가 여러 번 있었습니다. 이럴 때에 보면 권 시인은 일찍이 마음 벽을 걷어 내신 어르신입니다.

인격적으로 격조가 있으신, 틀림없는 분이며 깊이가 있음에도 거의 드러내지 않으시는 분이셨습니다. 그러나 꼭 필요한 역할에는 맡으심보다도 오히려 훨씬 분에 넘치도록 해내시는 분이셨습니다. 조용히 지켜보는 많은 눈길들이 저의 이러한 마음에 동감하시리라고 생각합니다.

먼저 그분은 가득 채우시는 분입니다. 채우고 채워서 아래로 흘러가는, 결코 가볍게 속성速成으로 하지 않으시는 전형적인 '영과이후진盈科而後進'의 시인이십니다. 아울러 겉으로 번쩍거리시지 않습니다. 안으로 안으로 갈고 닦으시는 분이십니다. 거죽이 빛나는 것이 아니라 참다운 빛〔眞光〕은 속이 빛나는 것입니다. 여기에 합당한 분이 바로 권 시인이십니다. 바로 이러한 마음공부가 시편에 절절하게 녹아 있음을 알 수 있습니다.

그것은 바로 권 시인이 평생 추구해 오신 업業이라고 할 수 있는 뜨개질의 연마가 오랜 기간의 인내로 수련된 '도 닦음'에서 비롯하심인 줄도 알게 됩니다.

묵언 수행 과정을 통하여 산출되는 대작이나 작은 작품 하나하나에 기울이는 정신 집중력의 결과물은 완성도가 지극히 높습니다. 그것을 바라보실 때 희열감, 만족감을 느끼시지 않으실까 짐작해 봅니다. 그렇듯이 이번에 펼쳐 내시는 『사람 속에 사람 없다』 작품집도 뜨개질 행위에 버금가는 정신적 소산물이라고 생각해 봅니다.

시집 전편을 관통하는 핵심어는 평소 오랜 기간 독학으로 익혀온 불교 철학의 깊이를 천착穿鑿하고 있다는 점입니다. 생활 속에서 필요하여 익히신 중국어, 영어, 일어, 신문읽기 등 공부에 진력盡力하시는 면모는 존경의 마음을 저절로 우러나게 하십니다.

이러한 마음공부, 실천적 공부를 밑바탕으로 하셔서 이번에 출간하시는 『사람 속에 사람 없다』는 총 3부로 구성되어 있습니다.

1부 심연기법心緣起法-존재론, 2부 일체유심조一切唯心造-인식론, 3부 시공時空을 태우라-가치론으로 구성된 각 장章의 소제목만을 보더라도 작품의 세계관을 일맥一脈하고 있는 주조主潮적인 정서를 유추해 낼 수 있습니다. 불교적 철학과 명상의 결과물인 작품의 주제를 여섯으로 나누어 살펴보고자 합니다.

1부-생명순환구조와 보이지 않는 것을 보는 눈

1부 심연기법心緣起法-존재론에는 총 59편의 작품이 실려 있습니다.

마음이 사라지면 생명도 사라진다는 생명순환구조를 노래한 작품과 눈으로 보이는 것만이 전체가 아닌, 오히려 보이지 않는 것을 볼 수 있다는 지극히 모순적인 것 같지만 생각해 보면 깊은 명상적 철학의 결과물을 실어 놓은 작품으로 분류해서 고찰해 보겠습니다.

- 생명순환구조에 대한 천착穿鑿

살아 있는 모든 것은 생체활동을 합니다. 죽어 있는 자의 천년만년보다 살아서 꼼지락거리고 호흡하는 일 분 일 초의 생명 활동에 무한한 의미를 부여하게 됩니다.

생명은 마음이다/ 마음이 생명을 유지한다// 사람도 동물도/ 나무도 풀도/ 벌레도 미생물도// 살아 있는 모든 것들은/ 마음을 계속 만들면서/ 삶을 상속한다(「心緣起法24」 전문)

본문에서 보듯이, 생명이 있기에 마음이 있고 마음이 있기에 생명이 있다고 설파說破하고 있습니다. 몸집이 가장 작은 개미와 눈으로 보기에 몸집이 가장 커다란 코끼리도 실은 생명의 관점에서 봤을 때는 같은 크기입니다. 거대한 거목과 가장 연약한 풀잎 한 이파리도 똑같이 수액樹液을 뿌리에서 끝까지 끌어올려 살아가고 있는 생체활동은 같다는 것입니다.

시에서처럼 살아 있는 모든 것들은 마음이 있다는 시인의 혜안慧眼은 보이지 않는 것을 꿰뚫어 보는 심미안審美眼만으로 가늠케 하는 세계관입니다.

생명에는/ 시작이 없다// 생명은 동사다/ 정지 없는 동작에/ 시작 끝이 들어설 자리가 없다/ 생명은 끊임없이 흐르며 새롭게 변한다// 생명에는/ 끝이 없다(「心緣起法4」 중에서)

닭을 기르면 달걀 나오고/ 달걀 키우면 닭 나온다(「心緣起法18」 중에서)

생명은 시작과 끝이 없는 동사라는 시인의 지적처럼 살아 있음의 특징을 잘 포착하고 있습니다. 끊임없이 흐르며 멈추지 않는 저 특성에서 가이없는 생명현상의 특성을 찾아낼 수 있습니다. 아울러 닭에서 달걀 나오고, 달걀에서 닭 나오는 생명현상의 순환구조는 마치 우주 만물의 멈추지 않는 흐름과도 궤軌를 함께하고 있습니다.

// 모든 생명은/ 우주의 생성과 함께 한다// 생명은 끊임없이 흐르며 변한다/ 불변의 법(法)만 있다// 생명에는 끝이 없다(「心緣起法19」 중에서)

삶과 죽음은/ 따로 떨어져 흐르지 않는다// … / 삶과 죽음이 따로 흘러갈 것이 없다/ 모습이 이미 흘러갈 것이 없는데/ 그 모습의 바탕이 무슨 까닭으로 움직이겠는가// 다만 세상에는 말로만/ 삶과 죽음이 있다// 삶과 죽음은/ 한 덩어리로 뭉쳐 흐른다(「心緣起法20」 중에서)

우주와 함께 흐르는 생명현상에 대하여 작가는 오직 변하지 않는 법도法道가 있다고 설파합니다. 곧 삶과 죽음은 함께 흐른다는 것입니다. 끊임없는 생명의 무한한 활동 끝에 결국 죽음에 이르는 길도 흘러 흘러 결국 생명현상이라는 하나의 속성으로 작용하고 있음을 꿰뚫어 보고 있습니다. 삶과 죽음이 한 덩어리라는 시에 표출된 시인의 마음은 도도滔滔한 흐름으로 이어지고 있는 영속성을 내포하고 있음을 알 수 있습니다.

// 마음이 있는 곳에 세계도 있고/ 마음이 사라지면 세상도 사라진다(「心緣起法21」 중에서)

// 몸은 안에도 있고 밖에도 있고/ 안팎의 경계는 없다(「心緣起法22」 중에서)

이처럼 마음이 있는 곳에 우주 같은 커다란 세계관이 내재하고 있음을 시인은 땅을 딛고 살아가고 있는 모든 인간에게서도 볼 수 있다는 것을 천착하고 있습니다. 이것은 심오한 현철賢哲만이 볼 수 있는 철학입니다. 그렇기 때문에 사람의 눈에는 경계가 그어진 듯 보이지만 실은 몸과 마음의 경계는 안과 밖의 경계가 없다는 사유思惟의 묘한 결론에 도달하게 하고 있습니다.

> 마음이 있는 곳에 생명이 있고/ 생명이 있는 곳에 마음도 있다// 마음은 몸을 떠나/ 따로 존재하지 않는다/ 마음은 몸을 가지고/ 살아갈 때 나타난다// 삶이 있는 곳에/ 마음도 있고 세계도 있다(「心緣起法27」 전문)

보통 말들 하기를 몸 따로 마음 따로라고 행위를 합리화시키는 듯하지만 실은 몸과 마음은 하나라는 진리를 시인은 설파하고 있습니다. 몸과 마음이 가는 곳에 결국 생명의 순환도 함께 이어지고 있는 구조임을 꿰뚫고 있는 것입니다. 결국 삶 속에서 외면할 수 없는 커다란 세계관이 곧 생명활동임을 재삼 강조하고 있는 것입니다.

> // 생로병사는/ 자기 동일성을 지닌 존재가 아니며/ 자기 뜻에 가장 많이 어긋나기에/ 가장 큰 괴로움이다(「心緣起法29」 중에서)

살아 있는 생명체에서만이 생로병사의 수순手順을 겪게 되는 존재임을 실감 나게 고찰하고 있습니다. 생체활동하는 자에게 필연으로 대두되는 과정에서 야기되는 괴로운 번뇌 역시, 결국 빚어질 수밖에 없는 한 부분임을 외면할 수 없게 된다는 것입니다. 살아 있는 자의 필수 순서인 것으로 받아들이는 것이 자연스런 이치라고 말하고 있습니다.

> 과거도 현재도 미래도/ 아닌 지점이/ 바로 지금 여기다//(「心緣起法 31」 중에서)

> 뜨거운 사막(世間)의 모래알은/ 생멸이 있다// 사막 모래알이라는/ 말(言語)과 생각에서 벗어난(出世間)/ 모래알은 생멸이 없다(「心緣起法 51」 전문)

시인은 시간의 관점을 지금, 현재라는 점에서 통찰할 때의 의미를 강조하고 있습니다. 그것은 생명을 느끼고 호흡하고 불러일으키는 모든 생체행위는 지금만이 가능하기 때문이기도 합니다. 그렇기 때문에 자연의 일부분인 모래알은 생멸이 있으나 인간이 명명한 세계관 속으로 들어오면 죽음도 탄생도 없는 흐름만이 있을 뿐이라는, 보이지 않는 생체활동의 흐름을 보여 주고 있습니다. 지금, 즉 현재의 중요함을 시인은 강조하고 있습니다.

> 태어나 죽는다는/ 말은 인정할 수 없다// 태어났을 때의 내 몸과/ 죽을 때의 내 몸은/ 단 한 찰나도 동일한 적이 없다// 삶의 과정만 있고/ 그 과정을 관통하는/ 불변의 나는 없다/ 삶과 죽음은 하나다// 태어나 죽는/ 생명은 인정할 수 없다(「心緣起法56」 전문)

이처럼 극명하게 삶과 죽음에 대하여 통렬하게 밝혀 놓고 있는 시인의 생사관은 지극히 초월적입니다. 태어남과 죽음의 세계관이 따로 존재하지 않듯이 하나로 불변하지 않는다는 철리의 깊음을 보게 됩니다. 그렇기 때문에 생체활동은 영원한 순환구조이지 죽는 것, 즉 멈춤이 아니라는 것입니다. 불교의 윤회사상을 자연스레 담고 있습니다.

> 생명에는/ 시작점과 끝 점을 찍을 수 없다// 어머니의 몸에서 나온 날이/ 생일날이고 생명의 시작점이다// 먹고 마시지 못하고/ 숨이 끊어지는 날이 제삿날이고/ 생명의 끝 점이다// 수정한 때가 생명의 시작점이다/ 정자 난자도 생명의 한 선상에 있다/ 아버지 그 아버지의 아버지의 생일날도/ 찍으면 생명의 시작점이다// 아들딸의 생명도 한 선상에 있다/ 아들 그 아들의 아들의 생명도/ 끊임없이 상속되어 이어진다/ 임의로 찍으면 어디든 시작점 끝 점이 될 수 있다// 생명은 시작점이 끝점이고/ 끝점이 시작점이다(「心緣起法59」 전문)

모든 시작과 끝에는 생명이 있다는 것을 마지막에 아주 실감 나게 실어 놓고 있습니다. '아버지의 아버지의 아버지의 생일 날도' '아들 그 아들의 아들의 생명도' 끊임없이 이어지고 있다는 생명 사상의 순환구조가 곧 끊임없이 이어지고 있는 억겁億劫의 연緣으로 이어지고 있는 것입니다. 법도法道요, 불도佛道임을 시인은 생명순환 현상에 빗대어 설득력 있게 작품으로 보여주고 있습니다.

– 보이지 않는 것을 보는 눈에 대한 천착

보이는 것을 보는 눈은 지극히 평범한 일상이라고 할 수 있습니다. 그러나 마음의 눈, 심안心眼은 구도자에게 지극히 격이 높은 설법說法의 경지에서만 보이는 경지입니다. 즉 보이지 않는 것을 보는 관점입니다.

칼날은 칼의 본질이다// 보면서 보지 못한다/ 무엇을 보면서 보지 못하는가/ 칼날은 칼의 본질인 것 같지만/ 칼날은 볼 수 없다// 모든 존재의 본질은/ 칼날처럼 보이지 않는다/ 존재의 있음/없음의 본질은/ 눈으로 볼 수 없는 칼날과 같다// 칼의 양면이 없으면 칼날도 없다/ 칼날은 칼의 본질이 아니다(「心緣起法31」 전문)

존재의 본질에 대한 고구考究입니다. 칼의 날에 비유하여 보이지 않는 것을 보는 심미안審美眼이요, 심안으로서의 본질 언급입니다. 본질 같지만 본질이 아닌 것을 꿰뚫어 보는 통찰적 관점에서 시인은 남들이 보지 못하는 것을 보고 있습니다. 혜안에 다름 아닙니다. 타인과 지극히 다른 변별성을 보여주고자 함입니다.

구름과 비는/ 끊임없이 변화하고 있다/ 이 변화는 현상을/ 분별하여 존재로 인식한다// 실재로 맑은 하늘에/ 구름과 비가 있어서/ 인식되는 것이 아니며/ 비가 생겨서 내리는 것도 아니다// 물방울이 동적으로 떨어질 때/ 비가 내린다고 말한다/ 구름 속에 명사적 비는 없다(「心緣起法5」 전문)

하늘에 명사적 비는 없다// … / 비가 내린다는 말만 돌아다닌다//(「心緣起法6」 중에서)

비 속에 비가 없다는 논리를 설득력 있게 비유적으로 표현하고 있습니다. 단순히 구름과 비가 있어서 인식될 뿐이지 실재實在하는 비는 없다는 것입니다. 이것은 곧 무엇으로 해명될 수 있는 것인가를 보이지 않는 것을 보는 본질적 심안의 경지로 규명될 수밖에 없습니다. 과

학적인 현상으로 비가 오고 있음에도 불구하고 비는 없다는 본질을 꿰뚫어 보고 있는 작자의 범상치 않음을 목도目睹할 수 있습니다.

> 빤히 보면서 보지 못한다// … // 빤히 보지만 보이지 않는다(「心緣起法7」 중에서)

말하자면 시인은 '형광등 속 불빛의 스파크, 양면에 의지한 칼날, 바람에 흔들리는 나뭇가지의 바람, 태풍에 출렁이는 파도 속 바람, 끊임없이 이어가는 생명, 고요히 쉬고 있는 바다의 본바탕, 움직임 없는 마음의 참모습'을 빤히, 뻔히 보이지만 보이지 않는다는 모순기법을 차용하고 있습니다. 모순 속에서 모순인 줄 모르고, 거죽으로 드러나는 형상만을 가지고 해석하며 까부는 세상사에 대한 일침一針인 것입니다. 차원이 다른 차원에서 노닐고 있는 신선神仙의 경지에서 바라보는 삶의 본질에 더욱 밀착하는 자세입니다.

> 보는 것도 마음이고/ 보이는 것도 마음이다// … // 일체는/ 마음에서 일어났다/ 마음에서 사라진다(「心緣起法8」 중에서)

> 허공에는/ 무수한 소리와 영상이 떠돌아다닌다// … / 라디오가 없다면 소리도 없다// … / TV가 없다면 영상도 없다(「心緣起法9」 중에서)

궁극적으로 보고, 보이는 일은 마음의 현상일 뿐이지 실체는 없다는 것을 다양하게 보여주고 있습니다. 모이는 것도, 없어지는 것도 결국 주관과 객관으로 분리되는 것이 아니라는 지극히 모순적이지만 본질적으로 접근하면 가능하다는 시인의 논리와 감성은 땅에 발을 딛고 있는 것이 아닌 초월적인 세계관입니다. 열 개의 소리로 들리는 열 개의 라디오와 백 개의 영상으로 보여지는 백 개의 화면이 결국은 보이거나 들려지는 것이 아닌 무위無爲의 보이지 않음에 대한 논지의 반증인 것입니다.

> 시간 어디에 어떻게 있는 걸까/ 있다면 왜 보고 만질 수 없을까// … / 시간 속에 존재가 있다면/ 과거 현재 미래를/ 변치 않고 관통하는 실체가 있어야 한다// 시간은/ 생각이 만든 실체 없는 이름이다(心緣起法13」 중에서)

> 시간 공간은 실체가 따로 없다/ 생각 속에 허상만 쪼그리고 앉아있다// 시간은 길이가 없어/ 그 길이를 잴 수 없다// 공간은 크기가 없어/ 그 넓이 부피를 측량할 수 없다// 시간 공간은/ 보거나 만질 수 없다(「心緣起法14」 전문)

실체 없는 시간과 공간에 대한 통찰을 잘 보여주고 있는 작품입니다. 결국 모든 존재 자체가 만질 수도 가늠할 수도 볼 수도 없다는 것입니다. 나아가 이렇게 보이지 않는 것에 대한 집착 자체가 허망한 것이 아닌가 하는 지평으로 넓혀지고 있음도 간과할 수 없습니다. 측량할 수 없는 가이 없음에 대한 존재론의 본질을 실어 놓고 있습니다.

> //현존은 항상 지금 여기에만 있는 것이 아니며/ 잠시도 머무르지 않는다/ 현존은 끊임없이 행위하고/ 그 결과도 새로운 모습을 나타낸다(「心緣起法15」 중에서)

현존하는 업業에 대한 행위는 끊임없이 이어지고 있으나 실체는 없이 행하고 있으며 그것이 결국 새로운 형태로 작용하고 있음을 보여주고 있는 작품입니다. 실은 보이지 않지만 마치 보이듯이 작용하고 있다는 인간사 만물의 이치를 외면해서는 안 된다는 것입니다. 행위의 양상, 신체적 언어적 사고적 전 영역에 대한 지적으로 이생과 전생, 후생으로 이어지는 업보業報에 대한 윤회의 굴레는 눈에 보이지 않으나 어마어마하게 작용하고 있음을 보이지 않는 눈으로, 실존적 존재로써 해석해야만 가능함을 보여주고 있다고 할 수 있습니다.

> 보는 자는/ 볼 때 온 곳이 없고/ 갈 때 간 곳이 없다/ 허망하게 나타났다/ 허망하게 사라진다(「心緣起法29」 전문)

> …// 모든 존재의 있음/없음은/ 마음이 결정한다(「心緣起法36」 중에서)

마음 존재론에 대한 비유를 비교적 실감 나게 하고 표현하고 있는 작품입니다.

온 곳도 간 곳도 모르는 존재론에 대한, 보이지 않는 것을 보는 눈에 대한 실존적 관점입니다. 눈과 귀, 소리, 코, 혀 등 몸으로 느끼는 촉각은 그저 느끼면 그만이고 그 감각에 맞는 묘사를 하면 그뿐 아무런 존재 의미가 없다는 것입니다. 있고 없고 보이고 들리고 등의 감각과 느낌은 그것으로써 존재할 뿐 이내 사라지는 것입니다. 사라지고 말기 때문에 있음도 없음도 실은 보이지 않는 것이고, 보이지 않는 것의 진정한 의미를 시인은 놓치지 않고 있는 것입니다.

삶이 존재와 세계를 결정한다// 살면서 체험한 기억들이/ 의식 속에 잠재 되었다가/ 비슷한 사물이 나타나면/ '있다'는 생각이 일어난다/ 존재는 마음이 만들어낸 허상이다(「心緣起法42」 전문)

존재론의 백미를 장식하는 작품입니다. 모든 존재감은 마음이 만들어낸 허상일 뿐이기에 진정 보이지 않는 것을 꿰뚫어 볼 수 있는 심안의 의미에 대하여 여러 작품에서 천착하고 있음을 잘 알 수 있습니다.

2부-명명론命名論과 진아론眞我論의 관점

2부 일체유심조一切唯心造-인식론에는 총 39편의 작품이 실려 있습니다.

모든 실체는 있음과 없음으로 구명究明 되는 것이 아님을 인식론적으로 보여 주고 있는 수 편의 작품들을 통하여 명색이라는 명명命名적 관점과 무엇보다도 참 자신〔진아-眞我〕을 작품 속에서 어떻게 표출하고 있는지를 살펴보겠습니다. 누가 보든 안 보든, 있음으로 인식하고 인식되는 인식론의 정신적 차원을 놓쳐서는 절대로 안된다는 주제론적 관점이 일관되게 표출하고 있는 작가 정신을 높이 평가합니다.

- 명명론命名論에 대한 천착

'이름이 곧 그 사람이다'라는 명제가 있는 것처럼 이름으로 한 존재를 인식시키고 한정 지우는 경우를 생각해 볼 수 있습니다. 이름에 따라 운명이 달라지는 암시적인 측면을 외면할 수 없기에 작가들도 주인공 혹은 주변인들의 이름을 지을 때, 그 명명함에 있어서 인식론적인 측면을 고려하여 작명을 하게 됩니다. 또한 명명론은 종교적 철학적으로 진정한 나의 존재에 대한 인식론을 추구해 들어가는 일이 무엇보다도 중요한 본질추구에 해당한다고 하겠습니다.

> // 언어는 욕탐에서 나온다/ 인간은 언어적 존재다/ 언어는 욕구가 있을 때/ 인간이 구성한 개념이다// 인간의 의식은 존재에서 출발한다/ 현실 세계에는 이름이 수 없이 많다/ 존재에 대한 인식은/ 이름과 언어를 통해 이루어진다//(「一切唯心造26」 중에서)

언어에 대한 경계심 표출, 명명론은 언어에서 출발합니다. 우리의 현실 세계는 시인 역시 '욕탐이 만든 언어의 허상이 지배한다'고 하였습니다. 엄정한 현실 세계를 직시直視하고 있습니다. 인간과 짐승의 차이를 언어 사용 유무有無로 나누는 인류학적인 관점에서 볼 때도 수많은 언어 명명은 그 의미가 중차대하다고 할 수 있습니다. 그렇기 때문에 시인은 모든 존재에 대한 인식이 언어를 통해서 이루어진다는 철학을 설파하고 있습니다.

> 삶이 존재를 만든다//… // 사람 속에 사람 없다/ 삶을 살면서/ 사람이라고 이름 붙이고/ 사람이라고 부르면 사람이 된다/ 삶이 없으면 사람 없다// 명사 속에는/ 탐진치가 훈습되어 숨어있다(「一切唯心造3」 중에서)

우리의 인생살이는 삼독三毒, 즉 탐진치貪·瞋·痴가 불타고 있는 백팔가지의 뜨거운 번뇌가 들끓고 있습니다. 그것이 우글거리는 현생이 이름 속에 숨어있음을 시인은 간파하고 있습니다. 삶 속에 스며들어 있는 이름의 의미를 찾다 보니 죽음의 의미까지도 무섭거나 슬프기보다는 모든 것이 불타버려 아무 것도 남지 않는 진정한 오유烏有의 경지로 끌어올려지는 것이 아닌가를 문文 이면裏面에 내포하고 있습니다.

욕심과 성냄과 어리석음의 요체要諦가 이름 지워진 속으로 훈습薰習되어 있으니 불법으로 다스려 나가지 않으면 안 된다는 것입니다. 모두가 집착인 것이며 어리석기 짝이 없음이라는 것을 시인은 간파하고 있으며 꿈꾸는 저 너머 피안彼岸의 세계까지로 범주를 넓히고 있습니다. 깨달음이 있는 자의 무상無常함을 이상경理想境의 열반에 들게 하는 데까지 지평을 확충하고 있습니다. 언어의 해독성解讀性을 아주 수월하게 보여주고 있는 수작秀作입니다.

> 책상은 책상이 아니다// 밥상 위에 책 놓고 읽으면 책상/ 책상 위에 밥 차리고 먹으면 밥상/ 추워서 군불로 지피며 장작불//…(「一切唯心造 11」 중에서)

처음부터 사물에 이름이 있는 것은 아니었습니다. 사물이 이름을 갖기 시작하면서부터 이름 지워진 이름으로 제한된 이미지를 부여받게 됩니다. 명명하기에 따라서 용도가 설정되고 있음을 비유로 보여주고 있는 작품입니다. 언어의 허실을 간파한 시인은 실은, 언어와 실체와의 관계는 무관한 인간들의 작위적인 행위임을 은연중 지적하고 있는 것입니다.

…/ 마음이 있는 것이 아니라/ 이름 붙인 후에야/ 마음이라고 불린다// 마음은/ 이름만 생각 속에 있다(「一切唯心造19」 중에서)

마음까지도 이름 뒤에 숨어서 웅크리고 있음을 보여주고 있습니다. 실체가 없는 마음, 있다고도 할 수 있고 없다고도 할 수 있는 이 마음까지도 비로소 이름을 부여했을 때만이 마음이라고 불리운다는 역설적인 논리를 시인은 아주 자연스럽게 펼쳐놓고 있습니다. 생각 속에만 있는 이름이 허상의 마음으로 작동하게 된다는 것입니다.

언어의 길은/ 길 없는 길을 가는 것// 인간은 언어의 존재다/ 언어는 정신이다/ 언어를 잃으면 길을 잃는다// 언어는 표시며/ 임시로 다는 이름표다/ 그 뿌리는/ 실상과 멀고 모순을 동반한다// 언어의 해체는/ 바른 길로 인도하는 길잡이다(「一切唯心造23」 전문)

언어에도 길이 있다는 탁월한 표현을 통하여 작가의 언어 인식을 단박에 알아차리게 합니다. 언어학적 관점에서 볼 때, 물론 동물들도 그들만의 소통의미가 있겠으나 인간이 인간되게 함에 가장 종요宗要로운 가치를 두고 있음에는 틀림이 없습니다. 그렇기에 언어가 모든 상징성을 갖게 되는 것이며 바른 정신으로 인도되지 않을 시는 결국 해체의 길을 걷고 만다는 암시를 하고 있습니다. 여기에서 명명함의 거대한 의미망意味網까지도 짐작해 볼 수 있습니다.

인간은 언어에 기대어 살고/ 언어는 삶을 지배한다// 언어는 욕구를 통해 조작된다/ 욕구가 있을 때/ 욕구에 상응하는 이름이 만들어진다/

존재는 욕망을 앞세워 성립된다// 마음이 이름을 짓고 부르면/ 없던 존재가 있게 된다// 끊임없이 언어로 존재를 만들면서/ 언어의 감옥에 제 스스로 갇혀 산다 (「一切唯心造24」 전문)

이름과 언어의 관계에 대하여 이렇게 논리적으로 명쾌하게 보여주고 있음에 독자는 지성적인 논지論旨를 포착하게 됩니다. 마음이 이름을 짓고 났을 때에야 비로소 존재감이 있다는 인식론입니다. 이름을 지어줬을 때 생명체의 의미가 살아나는 것입니다. 무의미함이 의미있음으로 다가오게 만드는 이치인 것입니다. 명명식을 거행하는 장면을 눈물겹게 바라보게 만드는 그 근원과 의미를 생각해 보게 합니다. 비로소 생명체라는 인식론을 찾게 되는 행위입니다.

언어는 무서운 도구다/ 잘 주고 잘 받아 써야 한다/ 언어를 함부로 다루면 / 마음에 상처를 내고 생명을 죽인다// 마음에 욕탐이 생기면 언어를 만들고/ 의식 속에 언어를 저장한다/ 무명(無明)일 때/ 마음에 욕심이 일어나고/ 언어를 꺼내 쓴다// 언어를 잘 주고 잘 받아쓰면/ 이로운 도구가 되어 생명을 살린다(「一切唯心造25」 전문)

언어의 주술呪術성을 암시하고 있습니다. 입이 보살이라는 말이 있는 것처럼 입에서 뱉어내는 대로 운명을 몰고 간다고 합니다. 그러나 마음과 이름의 상관관계가 작품에서 보이는 것처럼 결코 만만하거나 수월치 않음을 알 수 있습니다. 마음과 언어의 상관관계를 아주 쉽게 작품으로 승화시키고 있습니다. 언어의 속성을 이보다 더 명쾌하게 보여줄 수 없으리만치, 마치 한 편의 경계문警戒文처럼 읽히게도 합니다. 명명의 중요함을 잘 보여주고 있는 시편들이기에 훈독서訓讀書처럼 새겨둘 만 합니다.

– 진아론(眞我論)에 대한 천착

참된, 진정한 자신의 모습을 안다는 것은 무엇인가를 생각하게 해주는 장章입니다. 혼란스러운 세상일수록 자신의 참모습을 아는 것은 매우 중요한 실체를 파악하는 것입니다. 종교적, 철학적 명상을 통하여 자신의 본모습과 겉으로 드러나는 모습과의 괴리에서 진정 자신의 참모습을 파악해 들어가는 것이 매우 중요한 인식론이라고 할 수 있습니다. 어쩌면 인식론의 출발 선상에서의 고찰이라고도 할 수 있습니다.

> 어제의 나는/ 나라고 할 것이 없다// 오늘의 나는/ 나라고 할 것이 없다// 내일의 나도/ 나라고 할만한 것이 없을 것이다// 나라고 말할 수 있는 것은/ 지금 여기에/ 텅 비어 있는 나(「一切唯心造5」 전문)

어제의 나는 나의 본모습이 아닙니다. 마찬가지로 오늘의 나도 미래의 나도 나의 본 모습은 아닌 것이라는 성찰을 통한 깨달음을 잘 보여주고 있는 작품입니다. 한 수 높은 고차원에서 바라본 나는 현재 여기 있다고 하는 실체적 실존론적인 관점에서는 그렇게 보여지지만, 실은 텅 비어 있다는 공空사상에 기인하고 있음을 작가는 말하고자 함입니다.

> 참나 眞我는/ 보고 보임이 함께 있는 나/ 나와 남이 둘이 아닌 나/ 있

음/없음에서 벗어난 나(「一切唯心造6」 전문)

단문으로 보여준 참 나〔진아-眞我〕에 대한 명제가 매우 명쾌하기만 합니다. 보여지고 있는 면, 보고 있는 면이 모두 하나라는 것입니다. 곧 있음과 없음이 결국은 하나라는 고차원적인 명상의 결론에 이르러 독자는 작가의 마음에 가닿으려는 무진한 노력이 있어 주지 않으면 도달할 수 없게 만듭니다. 보낸 곳도 간 곳도 없는 나의 존재에 대한 인식론을 이처럼 자연스럽게 펼쳐 내고 있는 시인은 자연 그 자체이십니다.

인식론이라는 부제에 비추어 볼 때, 없다는 사고방식도 있다는 전제하에서 이루어지고 있음을 시인은 이미 간파하고 있습니다. 마음의 움직임이라는 것입니다. 참된 나를 찾아가는 마음의 움직임에 천착해야 한다는 것을 독자들은 알아차려야 합니다.

3부 - 시간론時間論과 공간론空間論의 관점

3부 시공時空을 태우라-가치론에는 총 27편의 작품이 실려 있습니다.

시간과 공간은 우리들 인간이 살아가는 가장 기본적인 구성요소입니다.

서두에서 먼저 시공간을 함께 담고 있는 아래 두 작품을 살펴본 후, 시간론과 공간론으로 나누어 천착해 나가도록 하겠습니다.

모래알 속에서/ 하늘과 바다가 보입니다// 모래알 속에는/ 따슨 햇빛과/ 차가운 바람과/ 추억의 별과/ 아주 긴 시간 공간도/ 한 덩어리로 뭉쳐 있습니다(「모래알1」 전문)

모래알은/ 바위 속의 시간을/ 퍼 담아/ 모래알 속에 가득 싣고/ 허공을 가르고 쪼갠다(「모래알5」 전문)

시·공간에 대한 관념을 단순한 듯한 모래알을 통하여 유추해 내고 있습니다. 마치 바위 속에 무한한 시간을 퍼 담아서 허공을 가르고 쪼갠다는 적확的確한 표현과 아주 긴 시·공간이 한 덩어리로 뭉쳐 있다는 관념은 통찰력이 깊은 철학과 사색의 산물이라고 생각해 봅니다. 이렇게 시·공간의 개념을 동시에 한 작품에 넣기는 참으로 지난至難하건만 탁월하게 담아내고 있는 작가의 솜씨를 볼 수 있습니다.

갈대는 속속들이 비우고 가볍게/ 갈 데를 참으로 잘 아는 갈대// 몸집보다 커다란 꽃을 펄떡이는/ 하얀 깃발로 높이 피어 올리고는/ 작은 바람이 불면/ 작은 몸짓 작은 소리로/ 큰 바람이 불면/ 큰 몸짓 큰 소리로/ 춤추며 노래 부를 줄 아는 갈대// 갈대는 속속들이 텅 비우고/ 가벼움으로 꽉 채워/ 갈 때를 참으로 잘 아는 갈대(「갈대」 전문)

갈대의 속성을 섬세하게 관찰하여 갈 곳과 갈 순간을 기가 막히게 잘 포착하고 있습니다. 작은 바람이건 큰 바람이건 자연에 역류하지 않는 자세로 순응하고 있음을 시인은 놓치지 않고 멋진 비유로 표현하고 있습니다. 속을 텅 비웠기 때문에 빈 것으로 꽉 채울 수 있었다는 역리逆理적 논리로 접근하고 있는 시작詩作의 관점 역시 기가 막힙니다.

궁극적으로 '갈대'라는 식물 하나에 온 우주의 만고이치萬古理致를 담아내는 솜씨는 가히 철학자의 경지에서 한 치도 멀어지지 않고 있음을 목도目睹할 수 있습니다.

- 시간론에 대한 천착

시간의 가치개념에 대한 것은 절대로 눈에 보이지 않는 철학적 명상적 영역인 것입니다. 이러한 주제를 어떻게 작품 속에 녹여 내는가가 관건일 터인데 시인은 용케도 잘 포착하고 있습니다. 이미지를 놓는다는 시 문장의 특색을 잘 구현하고 있다고 볼 수 있습니다.

> 담배 연기 속에/ 시간이 날아간다// 먼지 속에/ 시간이 펄펄 날린다// 모래알이/ 시간을 지고 밀고 끌고 간다// 볼펜 속 공이/ 시간을 굴린다// 시간을 실에 감아/ 스웨터를 뜬다 오십 년// 시간을 태우며/ 착각의 중심에서 서성인다(「시간을 태우다」 전문)

지극히 평범한 일상 속에서 보이지 않는 시간이라는 가치와 개념을 자연스럽게 풀어내고 있습니다. 담배 연기 속에서, 먼지 속에서도 무심히 흐르는 세월의 흐름과 시간의 의미를 작가는 놓치지 않고 있습니다. 육안으로 봤을 때 가장 작은 알갱이인 모래알과 볼펜 속의 심지 끝에 매달려 있는 지극히 작은 공 속에서도 시간은 굴러가고 있다는 것입니다. 결코 멈출 수 없는 시간의 속성인 것을 잘 포착하고 있습니다. 그리하여 시인의 본업인 뜨개질 뜨기의 스웨터를 떠나가는, 한 올

한 올의 공정에서도 여지없이 시간은 흐르고 있고 쌓여진 시간의 층위層位들이 모여서 하나의 완성품, 작품을 쓸모 있게 이루어 내게 한다는 그 시간들의 위대성을 시인은 말하고자 합니다. 그렇게 오십 년을 흘려 보내고 나니, 물론 지금도 흐르고 있지만 결국 인생살이라는 것이 착각 속에서 서성이는 영원한 미완성인 채로 도도히 흐르는 시간을 맞이하며 또 그렇게 살아가고 살아내야만 하는 것이 아니겠는가라는 결론에 도달하게 됩니다.

> 시간의 길이를 잴 수 있을까/ 시간을 잘라서/ 과거 현재 미래로 분리할 수 있을까// 길거나 짧은 시간은/ 느리거나 빨리 가는 시간은/ 생겼다 없어지는 시간은/ 어떻게 생기고 어디에 있을까/ 존재 안에 있을까 밖에 있을까/ 안팎에 있을까// 시간은/ 모양이 없어 볼 수 없고/ 소리가 없어 들을 수 없고/ 향기가 없어 냄새 맡을 수 없고/ 맛이 없어 맛볼 수 없고/ 형태가 없어 만질 수 없다// 시간은 의식을 떠나서는 없고/ 망상 덩어리 속에 언어만/ 생겼다 없어진다(「시간」 전문)

시간의 속성에 대하여 이처럼 적확하게 표현할 수 있을까 싶습니다. 시간에 대한 개념정리를 역시 시인은 놓치지 않고 잘 살려 내고 있습니다. 시간은 잴 수도 분리할 수도 없으며, 어떻게 생겼는지 모양도, 향기도, 맛도, 형태도, 소리도 없다는 것입니다. 딴에는 충분히 그렇다라고 끄덕이면서도 끝부분에 가서 결론적으로 시간의 가치는 의식 속에서 살아 있고 언어로 명명되어 지면서 존재감이 생겼다가 없어진다는 명료한 철학적 개념으로 완성 짓고 있습니다.

태어남은 죽음의 시작이고/ 죽음은 태어남의 끝이다/ 이어짐은 끊어짐의 시작이고/ 끊어짐은 이어짐의 끝이다// 이어지는 모든 것들은/ 뚝뚝뚝/ 끊어지며 이어 흐르지//… / 나이테도 끊어지며 이어지고/ 몸도 생명도/ 뚝뚝뚝/ 끊어지며 이어 살지(「죽음을 알 수 있어 다행이다」 중에서)

시간의 영속성을 피력하고 있습니다. 시작은 곧 끝을 의미하며, 끝은 곧 시작으로 이어진다는 시간의 영속적인 가치성에 대한 의미를 부여하고 있습니다. 그래서 인류가 생겨난 원초적인 순간부터 지금까지, 영원한 미래에까지 이어져 나갈 터입니다. 그렇기 때문에 인간들은 주어진 삶의 기간 동안 최선을 다 하여 잘 살아야만 할 것입니다. 그것은 바로 내일, 미래로 이어지기 때문입니다. 시간의 위대성을 생각하노라면 한순간도 허투루 살아갈 수 없는 명제가 분명해집니다.

바위/ 조약돌/ 모래알/ 먼지/ 이들은 시간을 싸는/ 크고 작은 보자기// … // 존재와 시간은/ 서로 의지하여/ 동시에 함께/ 일어났다/ 사라졌네(「존재와 시간」 중에서)

하세월 씻긴 알맹이/ 곱기도 하여라// 따스히 배어든 햇살/ 은근히 물든 달빛/ 살포시 스며든 별빛// 마음도 오롯이 깃들어/ 빤짝 빤짝 빛나는/ 알맹이 우주의 파편(「모래알2」 전문)

시간을 담는 그릇은 어떠한 용기라도 가능하다는 것을 암시하고 있습니다. 시에서 나타나는 항목 외에 모든 존재 마다에 스며들어 있다는 것입니다. 그래서 시간과 존재가 서로 의지하여 오랜 세월 함께 마모磨耗되면서 빤짝빤짝 빛나는 우주의 한 구성원을 이루게 된다는 것입니다. 시간의 존재론적 가치성에 대한 의미 부여를 이처럼 표현해 내고 있습니다. 그것은 시간의 가치성과 영속성이라는 특성 때문에 가능한 것입니다.

- 공간론에 대한 천착

공간은 무변광대無邊廣大합니다. 그 무한한 공간 속에서의 생명체는 어떻게 영위하며 살아왔고 살아가야 할지를 이제 묻게 됩니다. 답변을 위하여 공간 개념에 대한 정리를 정확하게 할 필요가 있습니다. 시인은 아래에서와 같이 다양한 방법론으로 천착하고 있습니다.

> 허공을 측량할 수 있을까/ 공간은 어떤 넓이로 자를 수 있을까// 좁거나 넓은 공간은/ 부피를 가지고 있는 허공은/ 아인슈타인의 휘어지는 공간은/ 생겼다 없어지는 허공은/ 어디에 어떻게 있을까/ 사물 안에 있을까 밖에 있을까/ 안팎에 있을까// 허공은/ 모양이 없어 볼 수 없고/ 소리가 없고 들을 수 없고/ 향기가 없어 냄새 맡을 수 없고/ 맛이 없어 맛볼 수 없고/ 형태가 없어 만질 수 없다// 공간은 생각을 떠나서는 없으며/ 현재의 생각 속에서만/ 생기고 없어진다(「공간」 전문)

허공의 깊이와 넓이를 감히 측량해 보려는 마음을 갖을 수 있을까, 하는 생각에 미치니 시인의 감수성이 결코 예사롭지 않음을 인식하게 됩니다. 남이 생각지 못하는 것을 예단豫斷하고 꿈꾸어 보고 생각해 내는 것은 시인만이 가능한 세계관입니다. 공간 개념인 '허공'이라는 시어로 다양한 접근을 하고 있습니다. 안에도 밖에도 있는 듯 없는 듯한 허공의 선 긋기 작업은 끝내는 모든 현상학적으로 불가하다고 규정짓고 있습니다. 여기에 독자들은 충분히 공감하게 됩니다.

> 담배를 태운다/ 남김없이 태운다// 담배는 제 몸을/ 벌겋게 태우고/ 여기에서 사라졌다/ 어디서 왔다 어디로 갔는가(「흔적」 전문)

> // 바위가 모래알이 되고/ 모래알 속에서도 시간이 흘러나오지/ 바위 속에서는 더 많은 시간이 흘러나오지/ 바위는 모래알이 흐르는 바다/ 모래알의 좁은 공간은 끝없는 하늘이지//(「불안의 검은 고름」 중에서)

흔적없이 사라지는 담배 연기는 허공에 흩어집니다. 그 허공의 거리감을 어찌 가늠하겠냐고 시인은 독특한 비유를 합니다. 시간도 공간도 없는 무색無色의 세계에서 자유롭게 노니는 무변광대無邊廣大함을 노래하는 시인의 가이 없음은 어떠한 공간에도 사로잡히지 않습니다. 불안은 인간 세상에서 빚어내는 온갖 집착과 어리석음의 산물인 것입니다. 그래서 검은 고름이라고까지 했습니다. 도려내고 파내지 않으면 안 될 것입니다. 영속성이 생명인 시간과 공간 안에 가두어 두려고 하는 것은 계산적이고 얄팍한 인간 세상의 사고일 뿐입니다. 이 세상에 변하지 않는 것은 아무 것도 없습니다. 끝내는 아프고 아파서 고름이 되어 버린 불안까지도 짜내어 버리면 그뿐입니다. 그렇게 천천히 사라질 것임을 잘 간파하고 있습니다. 삶의 영속성을 결코 줄어 들지 않는 공간으로 보았으며 멈춤 없는 시간이라고 보았습니다. 그것은 바로 모든 것을 내려놓아야만 하는 방하착放下着의 세계관인 것입니다. 이렇게 보이지 않는 것을 볼 수 있고 그려낼 수 있는 심미안이 곧 시인의 시업詩業 세계에서만 기능하다는 것을 입증하고 있습니다.

나가는 말-뜨개질 철학

3부에 실린 다음의 두 작품을 결론 삼아 제시합니다.

선생님이 평생, 오십여 년 이상 몰두해 오신 끝에 전문가, 장인의 반열에 오르신 뜨개질 철학을 유추해 봅니다. 뜨개질의 생리를 생각해 봅니다. 뜨개질은 기본이 묵언 수행이며 고도의 집중력을 요하는 작업입니다. 선생님께서 수행해 나오신 그 모든 과정이 바로 구도자求道者의 길이셨습니다.

> 실과 바늘에게 삶을 물으니/ 그냥 뜨개질만 하란다// 시에게 삶을 물으니/ 그냥 시만 읽고 쓰란다// 부처님께 삶을 물으니/ 마음 마음 마음이란다// 마음에게 삶을 물으니/ 대답 없고 소리 빛도 없다// 가슴에게 삶을 물으니/ 아픔 아픔 아픔이란다(「삶이 무엇인가를 묻다」 전문)

> 실은 옷의 어머니/ 바늘은 옷의 아버지/ 오른손에 어머니의 혼을 쥐고/ 양손에 아버지의 혼을 잡고/ 뜨개질 삼매에 듭니다// 춥지도 덥지도 아니합니다/ 탐욕의 바람이 잦아집니다/ 성냄의 마음이 고개를 숙입니다/ 어리석음이 지혜로 바뀝니다/ 뜨개질 속으로 들어가/ 몸과 공간이/ 마음과 시간이/ 모두 하나 되어/ 너도 나도 없습니다(「뜨개질 삼매」 전문)

뜨개질 속에는 어머니, 아버지가 계시고, 춥지도 덥지도 않으며, 성냄과 어리석음이 지혜로움으로, 몸과 공감, 마음과 시간 등 모든 행위와 철학이 이처럼 다름이 아닙니다. 평등하고 차별이 없습니다. 둘이 아닌 하나의 세계관이 바로 시인의 주된 사유입니다.

뜨개질을 통하여 입과 몸과 생각으로 죄업을 짓지 않는 행위에서는 모두가 불멸의 범계汎界에 이르는 이상향理想鄕인 것입니다. 본디 내 것은 처음부터 없었습니다. 마음과 경계가 하나 되는 심경일여心境一如의 세계관을 노래하고자 했던 일단一段을 엿볼 수 있었습니다.

무념무상無念無想의 상태에서 모든 것이 하나로 이루어지는 법열法悅의 세계인 것을 그리고 있습니다. 그저 이심전심으로 뜻을 전하는 염화시중의 미소가 시인의 트레이드마크가 되어 주실 때가 많습니다. 그래서 때로는 '연작燕雀이 대붕大鵬의 마음을 어찌 짐작하리오'하는 심정에서 고개를 끄덕이게 할 때가 많으십니다. 절대로 나서지 않으시는 조용함과 침묵 행위는 바로 뜨개질 철학입니다.

뜨개질하시는 공간은 비록 좁으나 그곳에서 우주 만물을 관망하시며 세계 안에서 보이지 않는 그물 집을 지으시고 바람이 불어 왔다가 가면서 흔적을 남기지 않는 것처럼 유세遊說하지 않는 시인이십니다.

어쩌면 갈대의 모습으로 모든 것을 다 주고 가벼움으로 채워가는 것이 즉 자신의 자화상이 아닌 것일까 생각해 봅니다. 서방정토를 노래하는 삶의 자세가 권 시인의 골수에 사무쳐 있으며 그것을 실천하고자 하는 의지력의 모습에서 정신적 승리자임을 쉽게 유추해 낼 수 있습니다. 하나인 사람이 열인 것처럼 행세하고 모든 일을 속전속결로 해결하려는 자가 많은 이 시대에 권 시인은 채우고 채워서 넘쳐흐를 때까지 공부하신 후에야 아주 조금을 보여주는 분이십니다.

참된 빛은 밖으로 번쩍거리지 않는다는 진광불휘眞光不輝의 시인이요, 아래로 흘러넘칠 때까지 조용히 준비하고 기다리신 후에야 움직이시는 영과이후진盈科而後進의 시인이요, 칭찬하고 베풂을 즐겨하시는 수희공덕隨喜功德의 시인이십니다.

묵묵한 수행인 뜨개질 행위를 통하여 구도의 길을 닦아 오셨고 앞으로 그러하실 것입니다.

더 깊어진 사유로 청정淸淨의 세계에서 만유의 근본원리 천착이 뒷받침될 수 있는 법계法界로 나아가시기를 합장合掌하면서 뜨개질 열모悅慕의 시인을 찬讚합니다.